팀장님에게 극찬받는
파워포인트 비법서

피피티 다0
필승 공략집

머리말

피피티 레벨 99이지만 아직도 피피티가 어렵습니다.

회사에 처음 입사했을 때 피피티 때문에 욕을 먹고 선배들 앞에서 울었던 적이 있습니다. 일주일 동안 열심히 자료를 준비했던 제 노력이 한 순간에 물거품이 되고, 돌아오는 것은 저를 향한 비난과 비판일뿐 아무도 인정해 주는 사람이 없어서 정말 서러웠습니다.

그 어려웠던 순간에 저를 도와줄 선배님이 단 한명이라도 있었다면 지금 어떤 모습으로 맹활약을 하고 있을지 궁금하네요. 아마 책을 읽고 계시는 분들도 피피티라는 거대한 벽 앞에서 좌절감을 맛보고 너무나도 어려운 순간을 겪고 있는 중이라 생각합니다.

과거의 저처럼 나이 30 먹고 피피티 때문에 남들 앞에서 울면 솔직히 너무 쪽팔릴 것 같지 않습니까? 우리가 피피티를 몰라서 못한거지 능력이 없는 건 아니지 않습니까! 피피티는 진짜 조금만 배워도 노력에 대한 보상이 빠르게 돌아오는데 직장이나 학교에서 그 조금의 팁을 알려줄 수 있는 사람이 없는 것 같더라구요.

그래서 제가 여러분들의 한 줄기 희망이 되어드리고자 이 책을 만들었습니다. 이 책은 기존의 파워포인트 도서와는 다르게 상세한 이론 설명보다 알짜배기 예제를 중심으로 구성되어 있습니다. 효과적인 시각화를 위한 기획의 기본기와 머릿속에 있는 아이디어를 쉽게 풀어내는 방법 그리고 은퇴 전까지 평생 돌려막을 수 있는 상황별 다이어그램까지 모두 알차게 담아 놓았습니다.

피피티를 작업하다가 막히는 순간에 책을 펼쳐 해답을 찾을 수 있도록 실전에서 도움이 될 만한 다이어그램만 싹 모아놨기 때문에 책에 나오는 예제만 따라 해도 상위 1%가 될 수 있으리라 확신합니다.

저의 마스코트인 총을 들고 있는 당근 캐릭터를 보고 어떤 의미가 있는지 물어보는 분들이 종종 있습니다. 우리가 어떤 게임을 시작하면 능력치가 낮은 기본 무기를 가지고 약한 몬스터부터 사냥하지 않습니까? 그렇게 천천히 레벨업을 하다가 능력치가 높은 무기를 돈을 주고 사서 빠르게 레벨업을 하는 사람을 보면 자본주의에 현타를 느끼기도 합니다.

피피티의 세계는 돈으로 빠르게 레벨업을 하는 방법 같은 것이 없습니다. 저는 기본 총 하나로 묵묵히 퀘스트를 깨다 보니 레벨 99를 달성하였고, 어느새 피피티계의 떠오르는 강자로 활약하게 되었습니다.

이 책이 여러분들의 피피티 레벨을 한 단계씩 업그레이드하는 데 조금이나마 도움이 되면 좋겠습니다. 책을 보고 공부하다가 막히는 부분이 있으면 바로바로 DM 보내주세요. 제가 여러분의 고민을 싹 해결해 드리도록 하겠습니다.

피피티 잘한다고 대단한 사람이 되는 것도 아니고, 피피티 못한다고 세상이 무너지는 것도 아닙니다. 그저 오늘의 나보다 발전하기 위해 노력하다 보면 어느새 내가 바라는 목표에 도착해 있을 겁니다.

피피티만큼은 목표에 조금 더 빨리 도착할 수 있게
사냥꾼이 도와줄 수 있는 부분인 거 RG?

피피티사냥꾼

이 책의 구성

이 책은 팀장님에게 극찬받는 다이어그램을 만들기 위해 반드시 알아둬야 할 피피티의 필수 기능을 소개하고, 상황에 맞게 골라 쓸 수 있는 나이스한 다이어그램을 실습 예제로 구성했습니다. 책에서는 Microsoft 365 버전을 기준으로 작업하였기 때문에 버전에 따라 파워포인트의 사용자 환경(UI)이 책의 이미지와 다를 수 있습니다. 예제를 따라할 때는 Microsoft 365 버전 또는 PowerPoint 2016 이상 버전을 사용할 것을 권장합니다.

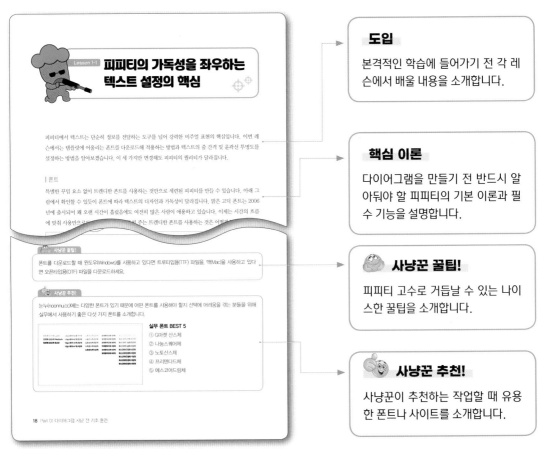

도입

본격적인 학습에 들어가기 전 각 레슨에서 배울 내용을 소개합니다.

핵심 이론

다이어그램을 만들기 전 반드시 알아둬야 할 피피티의 기본 이론과 필수 기능을 설명합니다.

사냥꾼 꿀팁!

피피티 고수로 거듭날 수 있는 나이스한 꿀팁을 소개합니다.

사냥꾼 추천!

사냥꾼이 추천하는 작업할 때 유용한 폰트나 사이트를 소개합니다.

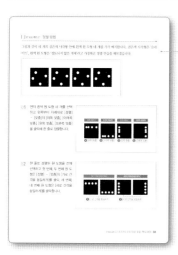

1분 실습 레쓰고!

작업 시간을 절반으로 줄여 주는 피피티의 기본 세팅을 1분 안에 실습합니다.

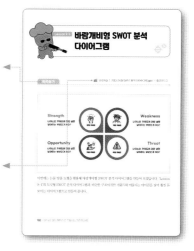

미리보기

실습할 예제의 완성 결과를 미리 확인할 수 있습니다.

완성파일

실습 예제의 완성파일을 제공하여 작업을 마친 후 결과를 비교해 볼 수 있습니다.

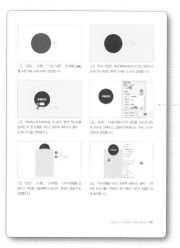

친절한 실습 과정

누구나 쉽게 따라 할 수 있도록 단계별로 차근차근 설명합니다.

목차

Part

03

실무 에이스로
거듭나는
다이어그램

무료 제공 다이어그램 미리보기

피피티사냥꾼이 준비한 르낌 있는 선물! 깔쌈한 다이어그램 300page를 무료로 제공합니다. 학교나 직장에서 마음껏 활용해 보세요.

▲ 텍스트 다이어그램

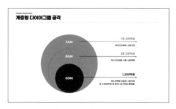 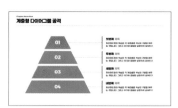 

▲ 계층형 다이어그램

▲ 순환형 다이어그램

보너스 다이어그램 300page 중에 맛보기로 몇 장만 보여 주는 부분인 거 RG?

▲ 순서형 다이어그램

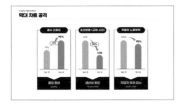 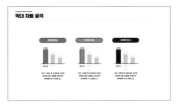 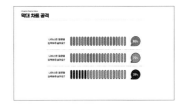

▲ 막대 차트 다이어그램

▲ 원형 차트 다이어그램

 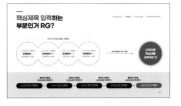 

▲ 스타트업 템플릿 다이어그램

완성파일 다운로드

01 시대인 홈페이지(www.sdedu.co.kr/book)에 접속하여 로그인합니다. 회원이 아닌 경우 [회원가입]을 클릭해 가입한 후 로그인합니다.

02 상단 메뉴의 [프로그램]을 클릭하고 검색창에 '피피티 다이어그램 필승 공략집'을 검색한 후 완성파일을 다운로드합니다.

무료 제공 다이어그램 300page 다운로드

01 시대인 홈페이지(www.sdedu.co.kr/book)에 접속하여 로그인한 후 상단 메뉴의 [프로그램]을 클릭합니다. 검색창에 '피피티사냥꾼 무료 제공 다이어그램'을 검색한 후 파일을 다운로드합니다.

02 비밀번호를 입력해 압축파일의 압축을 해제합니다. 비밀번호는 책등에 표기된 다섯 자리 숫자(17693)입니다.

비밀번호는 '17693'이니까 입력하고 압축 해제하면 되는 부분인 거 RG?

일러두기

• 웹용과 인쇄용의 색상 모드 차이로 인해 책으로 보는 것과 컴퓨터 화면으로 보는 최종 결과물의 색상이 다를 수 있습니다.

• 예제의 지문에서 '마우스 오른쪽 버튼으로 클릭'하는 명령을 지시선에서는 '우클릭'으로 표기했습니다.

Part

01

다이어그램 사냥 전 기초 훈련

다이어그램을 사냥하기 전 누구보다 빠르게, 남들과는 다르게 작업하기 위한 피피티의 기본 튜토리얼을 살펴보겠습니다. Chapter 01에서는 텍스트, 사진, 아이콘 등에 차별화를 주어 세련된 문서를 작업하는 방법을 알아보고, Chapter 02에서는 효과적인 시각화를 위한 기획의 기본기를 훈련하도록 하겠습니다.

피피티 초보자를 위한 튜토리얼

피피티의 기본 요소인 텍스트, 색상, 아이콘 등에 차별화를 주어 청자의 시선을 사로잡는 방법을 소개합니다. 아직도 올드한 스타일의 피피티 자료를 만들고 있다면 이번 챕터를 통해 한 단계 발전해 보세요!

피피티의 가독성을 좌우하는 텍스트 설정의 핵심

피피티에서 텍스트는 단순히 정보를 전달하는 도구를 넘어 강력한 비주얼 표현의 핵심입니다. 이번 레슨에서는 템플릿에 어울리는 폰트를 다운로드해 적용하는 방법과 텍스트의 줄 간격 및 윤곽선 투명도를 설정하는 방법을 알아보겠습니다. 이 세 가지만 변경해도 피피티의 퀄리티가 달라집니다.

폰트

특별한 꾸밈 요소 없이 트렌디한 폰트를 사용하는 것만으로 세련된 피피티를 만들 수 있습니다. 아래 그림에서 확인할 수 있듯이 폰트에 따라 텍스트의 디자인과 가독성이 달라집니다. 맑은 고딕 폰트는 2006년에 출시되어 꽤 오랜 시간이 흘렀음에도 여전히 많은 사람이 이용하고 있습니다. 이제는 시간의 흐름에 맞춰 사용만으로도 디자인 효과를 톡톡히 주는 트렌디한 폰트를 사용하는 것은 어떨까요?

> **트렌디한 폰트**
>
> 모든 국민은 사생활의 비밀과 자유를 침해받지 아니한다. 탄핵결정은 공직으로부터 파면함에 그친다. 그러나, 이에 의하여 민사상이나 형사상의 책임이 면제되지는 아니한다. 모든 국민은 양심의 자유를 가진다. 체포·구속·압수 또는 수색을 할 때에는 적법한 절차에 따라 검사의 신청에 의하여 법관이 발주한 영장을 제시하여야 한다. 다만, 현행범인인 경우와 장기 3년 이상의 형에 해당하는 죄를 범하고 도피 또는 증거인멸의 염려가 있을 때에는 사후에 영장을 청구할 수 있다.
>
> **올드한 맑은 고딕 폰트**
>
> 모든 국민은 사생활의 비밀과 자유를 침해받지 아니한다. 탄핵결정은 공직으로부터 파면함에 그친다. 그러나, 이에 의하여 민사상이나 형사상의 책임이 면제되지는 아니한다. 모든 국민은 양심의 자유를 가진다. 체포·구속·압수 또는 수색을 할 때에는 적법한 절차에 따라 검사의 신청에 의하여 법관이 발부한 영장을 제시하여야 한다. 다만, 현행범인인 경우와 장기 3년 이상의 형에 해당하는 죄를 범하고 도피 또는 증거인멸의 염려가 있을 때에는 사후에 영장을 청구할 수 있다.

▲ 트렌디한 폰트 VS 맑은 고딕 폰트

문장을 강조할 때에도 맑은 고딕 폰트에 강조 효과를 주는 것보다 트렌디한 폰트에 강조 효과를 주는 것이 훨씬 가독성 있게 정보를 전달할 수 있습니다. 그럼 지금부터 트렌디한 폰트를 다운로드해 피피티에 적용하는 방법을 알아보겠습니다.

트렌디한 폰트 강조

모든 국민은 사생활의 비밀과 자유를 침해받지 아니한다. 탄핵결정은 공직으로부터 파면함에 그친다. 그러나, 이에 의하여 민사상이나 형사상의 책임이 면제되지는 아니한다. 모든 국민은 양심의 자유를 가진다. **체포·구속·압수 또는 수색을 할 때에는 적법한 절차에 따라 검사의 신청에 의하여 법관이 발주한 영장을 제시하여야 한다.** 다만, 현행범인인 경우와 장기 3년 이상의 형에 해당하는 죄를 범하고 도피 또는 증거인멸의 염려가 있을 때에는 사후에 영장을 청구할 수 있다.

올드한 맑은 고딕 폰트 강조

모든 국민은 사생활의 비밀과 자유를 침해받지 아니한다. 탄핵결정은 공직으로부터 파면함에 그친다. 그러나, 이에 의하여 민사상이나 형사상의 책임이 면제되지는 아니한다. 모든 국민은 양심의 자유를 가진다. **체포·구속·압수 또는 수색을 할 때에는 적법한 절차에 따라 검사의 신청에 의하여 법관이 발부한 영장을 제시하여야 한다.** 다만, 현행범인인 경우와 장기 3년 이상의 형에 해당하는 죄를 범하고 도피 또는 증거인멸의 염려가 있을 때에는 사후에 영장을 청구할 수 있다.

▲ 트렌디한 폰트 강조 VS 맑은 고딕 폰트 강조

| 1분 실습 레쓰고! 폰트 다운로드 방법

먼저 트렌디한 폰트를 무료로 다운로드하는 방법을 알아볼까요?

01 눈누(noonnu.cc)에 접속한 후 마음에 드는 폰트를 다운로드합니다. 다운로드한 폰트 파일을 더블클릭하여 실행해 주세요.

02 왼쪽 상단의 [설치]를 클릭합니다. 활성화되어 있는 피피티를 모두 종료한 후 다시 실행해 텍스트 목록에 설치한 폰트가 있는지 확인합니다.

 이 네 단계만 알아두면 폰트를 다운로드할 때 헷갈릴 일 없는 거 RG?

사냥꾼 꿀팁!

폰트를 다운로드할 때 윈도우(Windows)를 사용하고 있다면 트루타입용(TTF) 파일을, 맥(Mac)을 사용하고 있다면 오픈타입용(OTF) 파일을 다운로드하세요.

사냥꾼 추천!

눈누(noonnu.cc)에는 다양한 폰트가 있기 때문에 어떤 폰트를 사용해야 할지 선택에 어려움을 겪는 분들을 위해 실무에서 사용하기 좋은 다섯 가지 폰트를 소개합니다.

실무 폰트 BEST 5

① G마켓 산스체

② 나눔스퀘어체

③ 노토산스체

④ 프리텐다드체

⑤ 에스코어드림체

▌줄 간격

이어서 가독성을 높이는 치트키 중 하나인 텍스트 줄 간격 설정 방법을 알아보겠습니다. 줄 간격을 '1.3배'로 설정한 문장과 기본 문장을 비교해 보면 줄 간격을 설정한 문장의 가독성이 훨씬 좋은 것을 확인할 수 있습니다. 텍스트의 가독성은 피피티의 퀄리티를 결정하는 중요한 요소이기 때문에 줄 간격을 반드시 설정하는 것이 좋습니다.

줄 간격 : 1.3배

모든 국민은 사생활의 비밀과 자유를 침해받지 아니한다. 탄핵결정은 공직으로부터 파면함에 그친다. 그러나, 이에 의하여 민사상이나 형사상의 책임이 면제되지는 아니한다. 모든 국민은 양심의 자유를 가진다. 체포·구속·압수 또는 수색을 할 때에는 적법한 절차에 따라 검사의 신청에 의하여 법관이 발주한 영장을 제시하여야 한다. 다만, 현행범인인 경우와 장기 3년 이상의 형에 해당하는 죄를 범하고 도피 또는 증거인멸의 염려가 있을 때에는 사후에 영장을 청구할 수 있다.

줄 간격 : 기본

모든 국민은 사생활의 비밀과 자유를 침해받지 아니한다. 탄핵결정은 공직으로부터 파면함에 그친다. 그러나, 이에 의하여 민사상이나 형사상의 책임이 면제되지는 아니한다. 모든 국민은 양심의 자유를 가진다. 체포·구속·압수 또는 수색을 할 때에는 적법한 절차에 따라 검사의 신청에 의하여 법관이 발주한 영장을 제시하여야 한다. 다만, 현행범인인 경우와 장기 3년 이상의 형에 해당하는 죄를 범하고 도피 또는 증거인멸의 염려가 있을 때에는 사후에 영장을 청구할 수 있다.

▲ 줄 간격 '1.3배' VS 줄 간격 '기본'

▌*1*분 실습 레쓰고! 줄 간격 설정 방법

줄 간격을 설정해 텍스트의 가독성을 높이는 방법을 알아보겠습니다.

01 텍스트 상자를 선택한 후 [홈] – [줄 간격] – [줄 간격 옵션]을 클릭합니다.

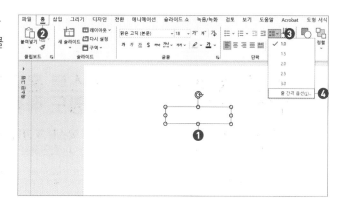

02 [단락] 대화상자에서 줄 간격을 '배수', 값을 '1.1~1.3'으로 설정한 후 [확인]을 클릭합니다.

폰트의 종류나 텍스트의 크기에 따라 줄 간격의 값을 '1.05', '1.15'등 '0.05' 단위로 조정하면 가독성이 훨씬 좋아집니다.

텍스트 윤곽선 투명도

이어서 텍스트를 '섹시하게' 만들어 주는 텍스트 윤곽선 투명도 설정 방법을 알아보겠습니다. 아래 그림의 'CASE 01'과 'CASE 02'를 5초 동안 비교해 봅니다. 책으로 봤을 때는 큰 차이가 없어 보이지만 컴퓨터 화면에서는 'CASE 01'의 가독성이 좋은 것을 확인할 수 있습니다(초보자의 눈에는 큰 차이가 없다고 느껴질 수 있습니다).

문장이 길수록 텍스트 윤곽선 투명도를 적용한 것과 그렇지 않은 것의 차이가 더 뚜렷하게 보입니다. 아래 그림에서 텍스트 윤곽선 투명도를 '100%'로 설정한 문장이 조금 더 뚜렷하게 보이는 것을 확인할 수 있습니다.

▲ 텍스트 윤곽선 투명도 적용 VS 기본 텍스트

텍스트에 윤곽선 투명도를 적용하는 과정을 단계별로 살펴보겠습니다. 텍스트를 입력한 후 아래 그림에서 두 번째 단계처럼 윤곽선을 적용합니다. 텍스트에 색상 테두리가 적용된 상태에서 윤곽선 투명도를 '100%'로 설정하면 텍스트의 테두리 부분이 투명해지면서 가독성이 높아집니다.

 텍스트 윤곽선 투명도는 슬라이드에 텍스트가 많을수록 효과가 배가되는 부분인 거 RG?

텍스트를 섹시하게 만드는 텍스트 윤곽선 투명도 설정 방법을 알아볼까요?

01 먼저 텍스트 상자를 삽입해 텍스트를 입력하고 텍스트를 마우스 오른쪽 버튼으로 클릭한 후 [도형 서식]을 선택합니다.

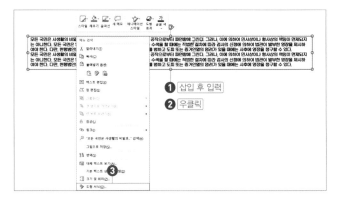

02 [텍스트 옵션] – [텍스트 채우기 및 윤곽선] – [텍스트 윤곽선]에서 '실선'을 선택하고 투명도를 '100%'로 설정합니다. 텍스트 윤곽선을 설정할 때 색상과 너비는 신경 쓰지 않아도 됩니다.

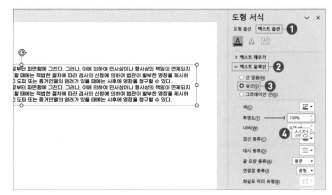

03 폰트, 줄 간격, 텍스트 윤곽선 투명도를 모두 설정하고 기본 텍스트와 비교해 보면 가독성과 디자인에 엄청난 차이가 있습니다.

상위 1%의 색상 치트키! 색상 활용의 기초

색상은 메시지를 효과적으로 전달할 수 있는 가장 강력한 수단입니다. 피피티는 시각 자료이기 때문에 색상을 잘 활용해야 청중에게 메시지를 각인시킬 수 있습니다. 하지만 디자인 전공자가 아닌 이상 색상을 조화롭게 사용하는 것은 어려운 일입니다. 디자인과 전혀 상관없는 공대 출신의 사냥꾼은 어떻게 디자이너 뺨치는 색상 조합 고수가 되었을까요? 그 비법을 함께 알아보겠습니다.

▌색상 조합의 중요성

아래 예시 슬라이드를 보면 색상 조합이 촌스럽다는 것을 바로 알 수 있죠? 이렇듯 색상이 조화로운 것과 그렇지 않은 것은 짧은 순간에 판단할 수 있습니다. 밤을 새워 만든 피피티가 색상 때문에 1초 만에 별로라고 인식된다면 너무 마음이 아플 겁니다.

01. 3초만에 아웃당하는 커리큘럼 (안)

교육 목적 — 나이스하게 PPT 교육을 진행하는 피피티 사냥꾼

기대 효과 — 나이스하게 PPT 교육을 진행하는 피피티 사냥꾼

구분	모듈	주요내용	교수법	시간
기획	내 보고서를 보면 한숨부터 쉬는 팀장님	• 나이스한 커리큘럼의 상세내용을 입력해주는 부분인거 RG? • 나이스한 커리큘럼의 상세내용을 입력해주는 부분인거 RG? • 나이스한 커리큘럼의 상세내용을 입력해주는 부분인거 RG?		1h
PPT	내 PPT를 보면 얼굴을 찡그리는 우리 팀장님	• 나이스한 커리큘럼의 상세내용을 입력해주는 부분인거 RG? • 나이스한 커리큘럼의 상세내용을 입력해주는 부분인거 RG? • 나이스한 커리큘럼의 상세내용을 입력해주는 부분인거 RG? • 나이스한 커리큘럼의 상세내용을 입력해주는 부분인거 RG? • 나이스한 커리큘럼의 상세내용을 입력해주는 부분인거 RG? • 나이스한 커리큘럼의 상세내용을 입력해주는 부분인거 RG? • 나이스한 커리큘럼의 상세내용을 입력해주는 부분인거 RG? • 나이스한 커리큘럼의 상세내용을 입력해주는 부분인거 RG?	강의	2h

▲ 색상 조합이 나쁜 예시

반면에 색상을 나이스하게 활용하면 보는 사람의 눈이 즐거워지고, 다음 페이지는 어떻게 구성되어 있을지 기대하게 됩니다. 색상을 조합하는 것이 어렵다면 익숙한 브랜드의 대표 색상에서 아이디어를 얻어도 좋습니다. 왼쪽의 예시 슬라이드는 'YBM 어학원'의 로고 색상에서 아이디어를 얻었고, 오른쪽의 예시 슬라이드는 샌드위치 브랜드인 'SUBWAY'의 로고 색상에서 아이디어를 얻었습니다. 그럼 지금부터 색상을 잘 조합하기 위한 기초 내용을 차근차근 배워 보겠습니다.

▲ 색상 조합이 좋은 예시

스포이트 활용하기

색상을 조화롭게 활용하기 위해선 먼저 어디에 색을 넣을지 파악하는 것이 중요합니다. 색이 들어갈 요소를 파악하지 않고 중구난방으로 디자인하다 보면 색상 조합이 나쁜 결과물이 나올 수 있습니다.

피피티는 '배경색', '도형색', '글씨색', '선색' 이 네 가지 부분의 색상만 잘 컨트롤해도 색상 조합의 고수가 될 수 있습니다. 그렇다면 어떤 방법으로 네 가지 부분의 색상을 조화롭게 설정할 수 있을까요? 그 방법을 지금부터 알려드리겠습니다.

▲ 색이 들어갈 네 가지 요소

아래 그림은 피피티의 기본 팔레트입니다. 만약 여러분들에게 이 중에서 슬라이드에 사용할 강조색을 고르라고 하면 아마 100명 중에 99명은 눈에 잘 띄는 빨간색을 고를 겁니다.

 하지만 우리는 남들과는 다른 한 명이 될 거라는 거 RG?

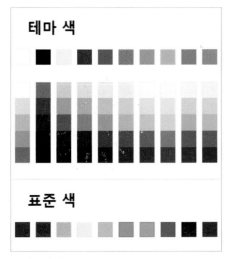

▲ 기본 팔레트

▲ 스포이트 메뉴

남들과는 다른 한 명이 되기 위해서는 기본 팔레트에 있는 색상 외에 다른 색을 사용할 줄 알아야 합니다. 색상을 교체하는 메뉴를 자세히 살펴보면 기본 팔레트 아래쪽에 '스포이트'라는 메뉴가 있습니다. '스포이트'는 사진 이나 일러스트에 있는 색상을 추출하는 기능으로 PowerPoint 2013 이상 버전부터 사용할 수 있습니다.

실무에서 가장 많이 활용하는 스포이트의 사용 방법을 알아보겠습니다.

01 도형, 텍스트, 선 중에 색상을 변
경할 개체를 마우스 오른쪽 버튼
으로 클릭하고 [채우기] – [스포
이트]를 선택합니다.

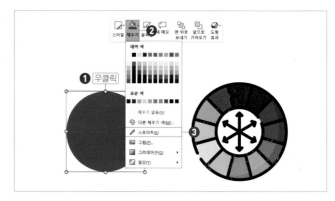

02 마우스의 모양이 스포이트로 변
경되면 색상을 추출할 곳에 마
우스를 놓고 클릭합니다. 스포이
트를 사용해 색상을 변경하였습
니다.

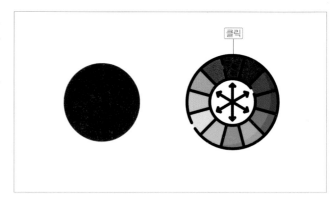

사냥꾼 꿀팁!

만약 배경색을 변경하고 싶다면 작업 화면을 마우스 오른쪽 버튼으로 클릭하고 [배경 서식]을 선택합니다. [채우
기 색(◇ ▾)] – [스포이트]를 클릭하면 다른 색을 훔쳐 사용할 수 있습니다.

▌색상 조합 사이트 활용하기

색상 조합 사이트의 추천 색상을 스포이트로 추출하여 사용하는 것도 하나의 방법입니다. 여러 사이트 중에 가장 추천하는 곳은 바로 '컬러 헌트(Color Hunt)'라는 사이트입니다. 컬러 헌트(colorhunt.co)에 접속한 후 마음에 드는 색상 조합을 캡처합니다.

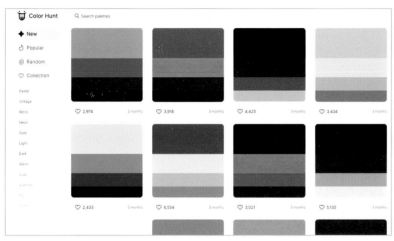

▲ 컬러 헌트(colorhunt.co)

그런 다음, 피피티에서 캡처한 사진을 불러와 스포이트로 색상을 추출하면 디자이너 뺨치는 색상 조합의 발표 자료를 만들 수 있습니다. 다양한 색상 조합 사이트를 참고해 피피티의 기본 테마 색이나 표준색을 사용했을 때보다 더 완성도 높은 자료를 만들어 보세요.

스포이트 기능이 없는 PowerPoint 2010 이하 버전에서 색상을 추출하는 방법을 알려드립니다.

01 컬러 헌트(colorhunt.co)에 접속한 후 마음에 드는 색상 위에 마우스를 갖다 놓아 색상 코드를 알아냅니다.

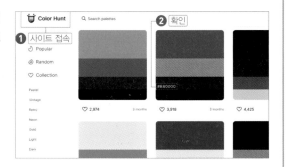

02 도형을 선택하고 [도형 서식] – [도형 채우기] – [다른 채우기 색]을 클릭합니다. [색] 대화상자에서 육각 입력란에 색상 코드를 입력하면 원하는 색으로 변경할 수 있습니다.

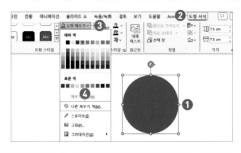 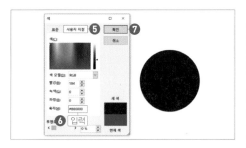

색상 투명도 조절하기

색상의 투명도를 조절하는 것은 피피티에 임팩트를 주는 가장 쉬운 방법입니다. 같은 색상이라도 투명도를 조금씩 조절하면 색다른 느낌을 낼 수 있습니다. 똑같이 나열되어 있는 순서도에서 투명도를 조절한 순서도에 눈이 가는 것처럼 시선의 흐름에 따라 미세하게 투명도를 조절하면 시각적으로 더 매력 있는 디자인을 할 수 있습니다.

▲ 색상 투명도를 조절한 순서도 VS 기본 순서도

색상의 투명도를 조절하는 간단한 방법을 알아보겠습니다.

01 다섯 단계의 순서도를 만들고 오른쪽에서 두 번째 도형을 마우스 오른쪽 버튼으로 클릭한 후 [도형 서식]을 선택합니다.

🐸 사냥꾼 꿀팁!

예제에서 사용한 주황색의 색상 코드는 '#F96700'입니다. 도형을 선택하고 [도형 서식] – [도형 채우기] – [다른 채우기 색]을 클릭한 후 [색] 대화상자에서 육각 입력란에 색상 코드(#F96700)를 입력하면 색상을 변경할 수 있습니다.

02 [도형 옵션] – [채우기 및 선] – [채우기]에서 투명도를 '15%'로 설정합니다. 오른쪽 두 번째 도형부터 순서대로 '15%', '30%', '45%', '60%'로 투명도를 변경하면 색상을 점차 진하게 만들 수 있습니다.

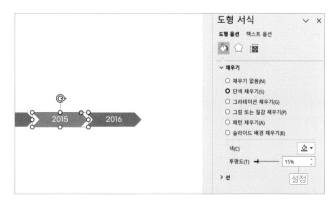

🐸 사냥꾼 꿀팁!

투명도가 '100%'에 가까워질수록 색상이 희미하게 보일 정도로 투명해집니다.

색상의 투명도를 조절하는 방법과 함께 중간 중간 회색을 넣어 활용하는 방법도 있습니다. 특히 순서도와 같이 프로세스 형태로 나열된 도형에 회색을 넣으면 전체적인 톤앤매너를 해치지 않으면서 리듬감을 살릴 수 있습니다.

▲ 회색을 넣은 순서도 VS 기본 순서도

회색을 사용할 때는 메인 색상과 비슷한 농도의 회색을 선택하는 것이 좋습니다. 검은색에 가까운 회색을 사용하면 회색이 강조되어 보이고, 흰색에 가까운 회색을 사용하면 메인 색상에 묻히기 때문에 주의합니다.

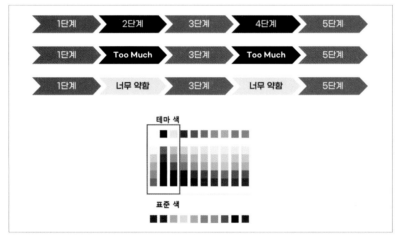

▲ 회색의 농도 조절

**정렬만 잘해도
중간은 간다**

피피티에서 정렬은 가장 기본적이고 중요한 작업입니다. 피피티가 깔끔하게 정돈되어 있으면 청중에게 명확한 정보를 전달할 수 있고 전문적인 느낌과 신뢰감을 주어 프레젠테이션의 효과를 높일 수 있습니다. 이번 레슨에서는 정렬의 중요성을 살펴보고 어떻게 정렬해야 피피티의 퀄리티를 높일 수 있는지 알아보겠습니다.

정렬의 중요성

아래 예시 그림에 더러운 방과 깔끔한 방이 있습니다. 만약 본인의 여자친구나 남자친구의 자취방이라면 어떤 방에 더 들어가고 싶나요? 당연히 깔끔한 방일 것입니다. 더러운 방은 방 안에 뭐가 있는지 궁금하지도 않지만, 깔끔하게 정돈된 방은 방 안에 어떤 것이 있는지 궁금해서 둘러보게 됩니다.

더러운 방 / 깔끔한 방

피피티도 마찬가지입니다. 정렬이 안 되어 있는 피피티는 어떤 순서로 봐야 하는지 알 수가 없어 혼란스럽고 집중력이 떨어지지만, 깔끔하게 정렬되어 있는 피피티는 집중력이 자연스럽게 올라가고 핵심 메시지를 한눈에 파악할 수 있습니다.

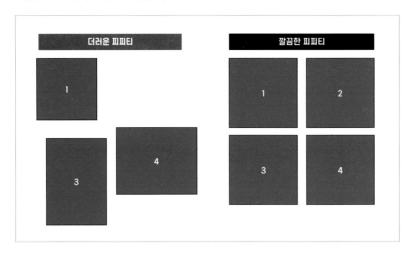

정렬 기능

위의 예시를 통해 정렬의 중요성을 깨달았으니 정렬 기능의 사용 방법에 대해 알아보겠습니다. [홈] – [정렬] – [맞춤]을 클릭한 후 여덟 가지 메뉴 중에서 상황에 맞는 메뉴를 선택하면 슬라이드가 순식간에 정렬됩니다. 아직까지 마우스로 일일이 개체를 정렬하고 있었다면 지금부터 알려드리는 방법으로 더 이상 정렬하는 데 시간 낭비하지 마세요!

▲ 정렬 메뉴

그림과 같이 네 개의 검은색 사각형 안에 흰색 원 도형 네 개를 각각 배치합니다. 검은색 사각형은 '슬라이드', 흰색 원 도형은 '정돈되지 않은 개체'라고 가정하고 정렬 연습을 해보겠습니다.

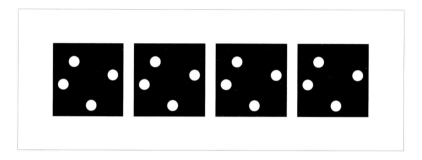

01 먼저 흰색 원 도형 네 개를 선택하고 왼쪽부터 차례대로 [정렬] – [맞춤]의 [위쪽 맞춤], [아래쪽 맞춤], [왼쪽 맞춤], [오른쪽 맞춤]을 클릭해 한 줄로 정렬합니다.

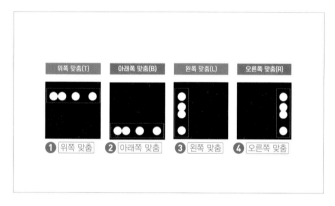

02 한 줄로 정렬된 원 도형을 전체 선택하고 첫 번째, 두 번째 원 도형은 [정렬] – [맞춤]의 [가로 간격을 동일하게]를 클릭, 세 번째, 네 번째 원 도형은 [세로 간격을 동일하게]를 클릭합니다.

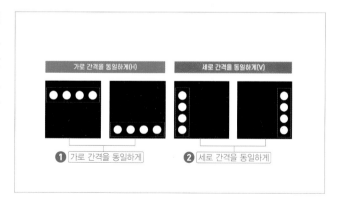

03 전체 원 도형을 가운데로 정렬하기 위해 한 줄로 정렬된 원 도형을 각각 선택한 후 Ctrl + G를 눌러 그룹화합니다.

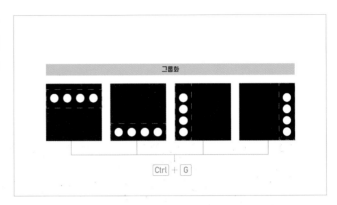

그룹화하지 않고 정렬하면 개체가 겹칠 수 있기 때문에 네 개의 원 도형을 반드시 하나의 그룹으로 만들어야 합니다.

04 사각형과 그룹 개체를 전체 선택한 후 첫 번째, 두 번째 그룹은 [정렬] – [맞춤]의 [가운데 맞춤]을 클릭하고 세 번째, 네 번째 그룹은 [중간 맞춤]을 클릭합니다.

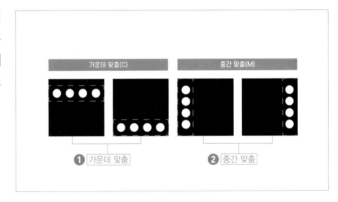

05 마지막으로 사각형과 그룹 개체를 전체 선택한 후 첫 번째, 두 번째 그룹은 [정렬] – [맞춤]의 [중간 맞춤]을 클릭, 세 번째, 네 번째 그룹은 [가운데 맞춤]을 클릭합니다. 네 개의 원 도형을 검은색 사각형 정가운데에 배치했습니다.

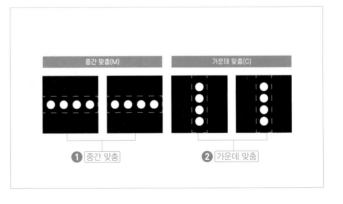

아래 그림과 같이 개체(초록색 사각형)와 그룹 개체(파란색 사각형)를 슬라이드 정가운데로 정렬할 때 주의할 점을 알려드립니다. 만약 개체를 전체 선택하고 [정렬] – [맞춤] – [가운데 맞춤]을 클릭하면 선택한 개체끼리 정렬되기 때문에 초록색 사각형이 왼쪽으로 이동하게 됩니다. 이렇게 되면 일을 두 번 해야겠죠?

▲ [정렬] – [맞춤] – [가운데 맞춤] 했을 때

이럴 때는 먼저 그룹 개체(파란색 사각형)를 개체(초록색 사각형) 아래로 이동하고 [가운데 맞춤]을 클릭하면 슬라이드 정가운데로 정렬할 수 있습니다. 그룹 개체를 포함한 두 개 이상의 개체를 정렬할 때는 그룹 개체를 기준으로 정렬되는 것을 기억하며 정렬 메뉴를 사용하기 바랍니다.

▲ 그룹 개체 이동 후 [정렬] – [맞춤] – [가운데 맞춤] 했을 때

백 마디 말보다
사진 한 장이 낫다

밍밍한 설렁탕에 소금을 추가해야 설렁탕의 풍미가 배가되는 것처럼 피피티에서 사진은 설렁탕에 넣는 소금과 같은 역할을 합니다. 주제에 어울리는 사진은 시각적인 효과를 줄뿐만 아니라 핵심 메시지를 오랫동안 기억할 수 있게 도와줍니다. 이번 레슨에서는 사진의 임팩트를 높여 주는 나이스한 사진 편집 방법에 대해 알아보겠습니다.

사진을 활용한 시각화

'백 번 듣는 것보다 한 번 보는 것이 낫다'는 말처럼 발표할 때에도 말로 설명하는 것보다 사진이나 동영상과 같은 시각 자료를 보여 주는 것이 더 효과적입니다. 예를 들어 '벚꽃 축제'를 주제로 피피티를 만든다고 가정하면 텍스트를 나열하는 것보다 벚꽃 사진을 넣는 것이 주제를 훨씬 간결하고 임팩트 있게 전달할 수 있습니다.

▲ 텍스트 VS 사진

그렇다고 해서 피피티에 무작정 사진을 넣는 것이 능사가 아닙니다. 사진은 발표 주제를 뒷받침하는 자료이기 때문에 고화질의 사진을 사용해야 피피티의 퀄리티를 높일 수 있습니다. 아래 그림에서 같은 꽃 사진이라도 오른쪽이 훨씬 고급스러워 보이고 눈에 들어오지 않나요? 이처럼 고화질의 깔끔한 사진으로 주제를 잘 표현하는 것이 중요합니다.

 어떤 사진을 사용하느냐에 따라 프레젠테이션의 전문성과 신뢰도가 좌지우지되는 부분인 거 RG?

▲ 저화질의 꽃 사진 VS 고화질의 꽃 사진

 사냥꾼 추천!

고품질의 사진을 다운로드할 수 있는 사이트를 추천합니다. 다음 소개하는 사이트에 접속한 후 원하는 주제를 검색하면 저작권 걱정 없이 다양한 사진을 무료로 다운로드할 수 있습니다.

무료 사진 다운로드 사이트

① 펙셀스(Pexels): pexels.com
② 언스플래쉬(Unsplash): unsplash.com
③ 픽사베이(Pixabay): pixabay.com
④ 프리픽(Freepik): freepik.com

사진을 다운로드한 후 피피티에서 사진을 불러와 편집하는 방법을 알아보겠습니다.

01 먼저 사진을 다운로드하기 위해 펙셀스(pexels.com)에 접속한 후 검색창에 'fruit'를 입력하고 마음에 드는 사진을 골라 다운로드합니다.

02 피피티를 실행해 [삽입] – [그림] – [이 디바이스]를 선택합니다. 다운로드한 폴더에서 사진을 선택하고 [삽입]을 클릭합니다.

03 사진에서 원하는 부분만 보이도록 편집하기 위해 사진을 선택하고 [그림 서식] – [자르기]를 클릭한 후 흰색 대각선 꼭짓점을 드래그해 크기를 늘려 줍니다.

04 마우스 포인터가 십자 모양(✛)일 때 사진에서 보여 주고 싶은 부분이 검은색 테두리 안에 위치하도록 사진을 이동합니다.

검은색 테두리의 크기를 조절하거나 검은색 테두리와 흰색 꼭짓점을 드래그해 사진의 크기를 조절하는 등 사진을 자유롭게 편집해 보기 바랍니다.

이렇게 자르기 기능으로 사진에서 원하는 부분만 보이게 편집할 수 있습니다. 특히 인물 사진이나 제품 사진의 경우 배경까지 보여 줄 필요가 없기 때문에 불필요한 부분을 잘라내어 더욱 효과적인 시각 자료를 만들 수 있습니다.

이번에는 한 슬라이드 안에 서로 다른 크기의 사진을 넣을 때 유용하게 활용할 수 있는 사진 편집 방법을 알려드리겠습니다. 수만 장의 피피티를 만들며 터득한 방법이기 때문에 여러 장의 사진을 가장 빠르고 간단하게 편집할 수 있는 방법이라 확신합니다.

01 먼저 마음에 드는 사진 세 장을 피피티로 불러오고 Ctrl + C 를 눌러 한 장을 복사합니다. 도형 안에 사진을 넣기 위해 [삽입] – [도형] – [기본 도형] – [타원] 세 개를 삽입해 레이아웃을 잡고 첫 번째 원 도형을 마우스 오른쪽 버튼으로 클릭한 후 [도형 서식]을 선택합니다.

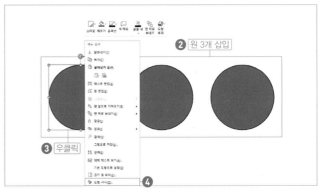

02 [채우기 및 선] – [채우기]에서 '그림 또는 질감 채우기'를 선택한 후 [클립보드]를 클릭합니다. 복사한 사진이 도형 안에 살짝 찌그러지게 삽입됩니다.

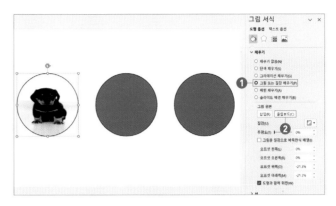

03 찌그러진 사진의 비율을 조절하기 위해 도형을 선택한 후 [그림 서식] – [자르기(자르기)]를 클릭하고 [채우기]를 선택합니다.

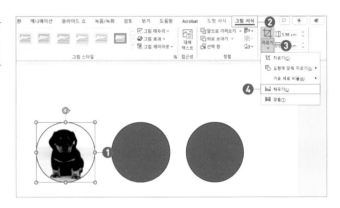

04 사진의 흰색 대각선 꼭짓점를 드래그해 크기를 조절하고 검은색 테두리 안에 원하는 부분이 보이도록 배치합니다. 여러 장의 사진을 한 슬라이드 안에 넣을 때 이 방법을 활용하면 깔끔하게 레이아웃을 잡을 수 있습니다.

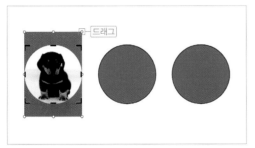 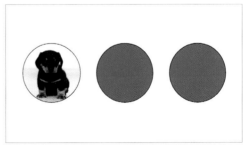

사냥꾼 꿀팁!

도형 안에서 사진의 크기와 위치를 조절할 때 검은색 테두리는 건드리지 않도록 주의합니다.

05 같은 방법으로 나머지 사진도 도형 안에 넣은 후 [그림 서식] – [자르기] – [채우기]로 비율을 조절합니다. 먼저 도형으로 레이아웃을 잡고 사진을 넣으면 작업 시간이 효과적으로 단축됩니다.

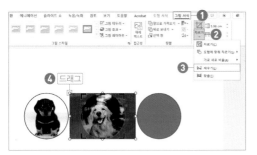

🐸 사냥꾼 꿀팁!

저는 사진이 들어가는 슬라이드를 기획할 때 절대 사진을 먼저 넣지 않습니다. 도형으로 사진의 레이아웃을 잡은 후에 텍스트를 입력하고 마지막에 사진을 편집하는 편입니다. 사진을 먼저 넣고 피피티를 만드는 것은 전체적으로 봤을 때 엄청난 시간 낭비이며 이런 부분들이 쌓여 밤샘 작업을 하게 되는 것입니다. 앞으로 사진이 들어가는 슬라이드를 작업할 때 알려드린 방법으로 작업 시간을 단축하기를 바랍니다.

▲ 사진이 들어가는 슬라이드 레이아웃 예시

백 마디 말보다 아이콘 한 개가 낫다

피피티에서 사진이 설렁탕에 넣는 소금과 같은 역할을 한다면 아이콘은 아주 매콤한 베트남 고추에 비유할 수 있습니다. 작지만 매운맛을 내어 존재감이 강렬한 베트남 고추처럼 아이콘은 작은 요소이지만 복잡한 개념을 단순하게 표현해 청중의 이해를 도와줍니다. 이번 레슨에서는 유니크한 피피티를 만들 때 필수 요소인 아이콘에 대해 알아보겠습니다.

아이콘의 시각적 효과

길을 걷다 보면 도로교통 표지판에 있는 크고 작은 아이콘을 심심찮게 볼 수 있는데요. 아이콘은 메시지를 내포하고 있어 빠른 속도로 주행하는 자동차 안에서도 그 의미를 순간적으로 판단할 수 있습니다. 아이콘의 이러한 특징을 이용해 피피티를 만들 때에도 아이콘을 활용하면 시각적인 효과와 함께 메시지를 간결하게 전달할 수 있습니다.

실제로 아이콘을 넣어 피피티를 만들면 슬라이드를 단순하게 구성할 수 있을 뿐만 아니라 메시지를 이해하기 쉽게 전달할 수 있습니다. 이렇게 나이스한 아이콘을 어디서 다운로드하고 어떻게 활용하면 되는지 함께 알아보겠습니다.

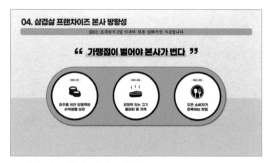

▲ 아이콘을 넣은 슬라이드 예시

│ 1분 실습 레쓰고! 아이콘 다운로드 방법

고퀄리티의 아이콘을 무료로 다운로드할 수 있는 사이트를 소개합니다. 아이콘의 다운로드 방법을 숙지하여 실무에서 나이스하게 활용해 보세요.

01 플래티콘(flaticon.com)에 접속한 후 아이콘을 다운로드하기 위해 로그인합니다.

02 검색창에 'food'를 입력하고 화면 왼쪽의 [Filters]에서 [Colors]와 [Shape]를 설정해 마음에 드는 아이콘을 클릭합니다.

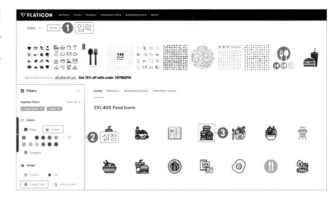

03 아이콘을 다운로드하기 위해 오른쪽 상단의 [PNG]를 클릭합니다.

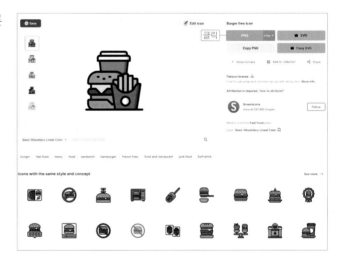

04 피피티를 실행해 [삽입] - [그림] - [이 디바이스]를 선택합니다. 다운로드한 폴더에서 아이콘(PNG)을 선택하고 [삽입]을 클릭합니다.

아이콘을 다운로드할 때 [Copy PNG]를 클릭한 후 피피티 작업창에 Ctrl + V 를 눌러 붙여넣기하면 피피티에 아이콘을 빠르게 삽입할 수 있습니다.

05 아이콘을 이미지 파일(PNG)로 다운로드했기 때문에 크기를 조절할 때 비율을 유지하며 조절해야 합니다. Shift 를 누른 채 흰색 대각선 꼭짓점을 드래그하면 비율을 유지하면서 크기를 조절할 수 있습니다.

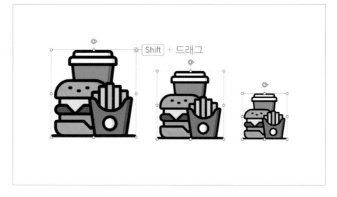

이번에는 아이콘의 색상 변경 방법을 알려드리겠습니다. 플래티콘 사이트에서 아이콘을 다운로드할 때 아래 그림과 같이 아이콘의 색상을 변경한 후 다운로드할 수 있습니다. 조금 번거롭지만 피피티의 전체 색상 테마와 아이콘의 색상을 통일하고 싶을 때 사용하기 좋은 방법입니다.

01 플래티콘 사이트 검색창에 'food'를 입력한 후 화면 왼쪽의 [Filters]에서 [Colors]는 'Black', [Shape]는 'Fill'을 선택하고 마음에 드는 아이콘을 클릭합니다.

02 확대된 아이콘 화면 오른쪽 상단의 [Edit icon]을 클릭합니다.

03 [Choose a new color]의 무지개 팔레트를 클릭하고 아래쪽 입력란에 색상 코드(#F96701)를 입력합니다.

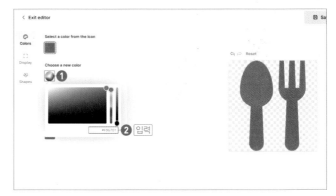

04 색상을 변경한 아이콘을 다운로드 하기 위해 오른쪽 상단의 [Download]를 클릭하고 가장 높은 화질의 [512px]을 선택합니다. 다운로드한 아이콘을 피피티로 불러오면 끝!

만약 피피티에 여러 개의 아이콘을 추가하고 싶다면 먼저 아이콘 하나로 전체 레이아웃을 구성한 후 마지막에 다른 아이콘으로 교체하는 것이 좋습니다. 이렇게 작업해야 피피티를 만드는 속도가 빨라집니다. 그럼 아이콘을 빠르게 교체할 수 있는 꿀팁을 알아볼까요?

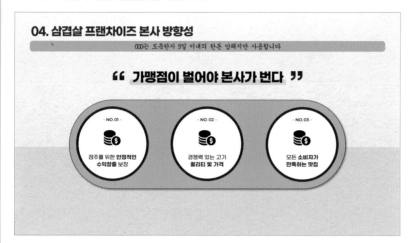

01 먼저 교체할 아이콘을 선택한 후 오른쪽 상단의 [그림 서식] – [크기]에서 아이콘의 높이와 너비를 확인합니다. 그리고 새롭게 교체할 아이콘을 모두 선택해 높이와 너비를 동일하게 입력한 후 Enter 를 누릅니다.

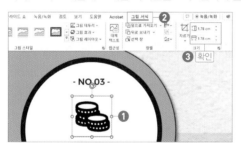

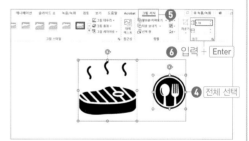

02 마우스로 드래그하거나 [정렬] – [맞춤] 기능으로 동일한 위치에 새로운 아이콘을 배치한 후 기존의 아이콘은 삭제합니다.

작업 속도를 나이스하게 올려 주는 피피티 단축키

여러분들이 피피티를 만들 때 자주하는 말 중 하나가 '어제 발표 자료 만드느라 밤샜다.'인데요. 사실 이 건 작업 시간을 단축해 주는 피피티의 단축키를 몰라서 그렇습니다. 단축키는 많은 양의 작업을 순식간 에 처리해 줘 야근을 밥 먹듯이 하는 근무 환경이라면 단축키의 사용을 추천합니다. 이번 레슨에서는 작 업 속도를 나이스하게 올려 주는 피피티의 단축키를 알아보겠습니다.

| 모르면 서운한 기본 단축키

기본 단축키	설명
Ctrl + C	개체 복사
Ctrl + X	개체 자르기
Ctrl + V	개체 붙여넣기
Ctrl + S	파일 저장
Ctrl + D	일정한 간격으로 개체 복사

Ctrl + C 개체를 클립보드에 복사합니다.

Ctrl + X 개체를 잘라내어 클립보드에 복사합니다.

Ctrl + V 복사한 개체를 붙여넣습니다.

Ctrl + S 활성화되어 있는 파일을 저장합니다.

Ctrl + D 개체를 일정한 간격으로 복사합니다.

무조건 알아야 하는 핵심 단축키

핵심 단축키	설명
Ctrl + G	두 개 이상의 개체 그룹화
Ctrl + Shift + G	그룹화 해제
Ctrl + Shift + C	서식 복사
Ctrl + Shift + V	서식 붙여넣기
F4	마지막 작업 반복
Ctrl + Z	실행 취소
Ctrl + Y	실행 취소 복구

Ctrl + G 두 개 이상의 개체를 그룹화합니다.

Ctrl + Shift + G 그룹화되어 있는 개체를 독립된 개체로 그룹 해제합니다.

Ctrl + Shift + C 개체의 서식을 복사합니다.

Ctrl + Shift + V 개체의 서식을 붙여넣습니다.

F4 직전에 실행했던 작업을 반복합니다.

Ctrl + Z 직전에 실행했던 작업을 취소합니다.

Ctrl + Y 실행 취소했던 작업을 복구합니다.

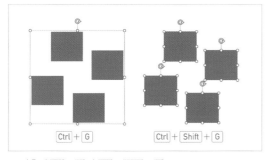

▲ 단축키 Ctrl + G 와 Ctrl + Shift + G

▲ 단축키 Ctrl + Shift + C 와 Ctrl + Shift + V

| 슬라이드 관련 단축키

슬라이드 관련 단축키	설명
F5	처음부터 슬라이드 쇼 보기
Shift + F5	현재 슬라이드부터 쇼 보기
F7	텍스트 맞춤법 검사
Ctrl + M	새 슬라이드 만들기
Ctrl + N	새 프레젠테이션 만들기
(쇼 보기 상태에서) B	화면 블랙 아웃
(쇼 보기 상태에서) W	화면 화이트 아웃

F5 첫 번째 슬라이드부터 슬라이드 쇼를 보여 줍니다.

Shift + F5 현재 슬라이드부터 슬라이드 쇼를 보여 줍니다.

F7 현재 슬라이드의 텍스트 맞춤법 검사를 실행합니다.

Ctrl + M 슬라이드 목록에 새 슬라이드를 만듭니다.

Ctrl + N 새로운 프레젠테이션을 만듭니다.

B 슬라이드 쇼 보기 상태에서 화면이 검은색으로 변합니다.

W 슬라이드 쇼 보기 상태에서 화면이 흰색으로 변합니다.

▲ 단축키 F7

▲ 단축키 Ctrl + M

텍스트 관련 단축키

텍스트 관련 단축키	설명
Ctrl + R	텍스트 오른쪽 정렬
Ctrl + E	텍스트 가운데 정렬
Ctrl + L	텍스트 왼쪽 정렬
Ctrl +]	텍스트 크기 크게
Ctrl + [	텍스트 크기 작게
Ctrl + Shift + '+'	위 첨자
Ctrl + '+'	아래 첨자

Ctrl + R 텍스트를 텍스트 상자 기준 오른쪽으로 정렬합니다.

Ctrl + E 텍스트를 텍스트 상자 기준 가운데로 정렬합니다.

Ctrl + L 텍스트를 텍스트 상자 기준 왼쪽으로 정렬합니다.

Ctrl +] 텍스트의 크기를 한 단계 크게 만듭니다.

Ctrl + [텍스트의 크기를 한 단계 작게 만듭니다.

Ctrl + Shift + + 선택한 텍스트를 위 첨자로 만듭니다.

Ctrl + + 선택한 텍스트를 아래 첨자로 만듭니다.

위 첨자 예시

우리집 33.2m^2

Ctrl + Shift + +

아래 첨자 예시

X$_1$+Y$_2$=Z$_3$

Ctrl + +

▲ 단축키 Ctrl + Shift + + 와 Ctrl + +

기획이 어려운
초보자를 위한
튜토리얼

기획이라는 단어만 들어도 머리가 아프고 답답한 분들을 위해
기획이 쉬워지는 꿀팁을 알려드립니다. 이번 챕터에서는 아홉
가지 도식화 방법과 깔끔한 강조 방법 그리고 텍스트 시각화
방법을 알아보겠습니다. 이 세 가지만 알고 있어도 머릿속에
있는 아이디어를 쉽게 풀어낼 수 있습니다.

도식화에도 공식이 있다

기획을 하지 않고 피피티를 만드는 것은 기초 공사를 하지 않고 건물을 짓는 것과 마찬가지입니다. 기획은 피피티를 만드는 과정에서 가장 중요한 단계이지만 많은 분들이 기획을 어렵게 생각하고 있습니다. 이번 레슨에서는 앞으로 평생 돌려막기할 수 있는 기획의 꿀팁과 나이스한 아홉 가지 도식화 방법에 대해 알아보겠습니다.

▎시선의 흐름에 따라 기획하기

아래 그림은 나이스하게 기획된 슬라이드의 예시입니다. 나이스하게 기획된 슬라이드는 도형의 배치나 구조만 봐도 기획자의 의도와 핵심 메시지를 파악할 수 있습니다. 그렇다면 어떻게 해야 기획을 잘할 수 있을까요? 그 비밀은 바로 '시선의 흐름'에 있습니다.

▲ 나이스하게 기획된 슬라이드 예시

피피티는 보여 주기 위한 시각 자료이기 때문에 피피티를 기획할 때에는 먼저 피피티를 보는 사람, 즉 청중의 시선을 생각해야 합니다. 청중의 시선은 크게 '스캔하기 → 읽기 → 판단하기' 3단계로 나눌 수 있는데요. 보통 발표 자료를 전체적으로 스캔한 후 구조에 따라 메시지를 읽고 메시지에 대한 판단과 결정을 내립니다.

 앞으로 이 '3단계'만 기억하고 있으면 훨씬 수월하게 기획할 수 있는 부분인 거 RG?

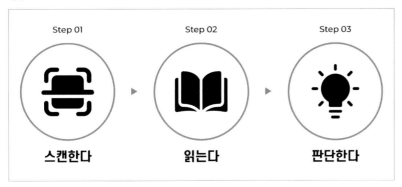

▲ 시선의 흐름 3단계

여러분의 이해를 돕기 위해 아래 예시 슬라이드를 '시선의 흐름 3단계'로 살펴보겠습니다. 먼저 슬라이드의 구조를 스캔해 봅니다. 한눈에 제목 영역과 본문 영역으로 구분된 것을 알 수 있습니다. 만약 실제 발표 자료라면 스캔이 끝난 후에 구조에 따라 핵심 메시지와 보조 메시지를 읽고 해당 메시지에 대한 판단을 하겠죠?

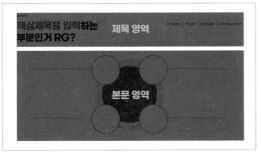

▲ 스캔하기

▲ 읽고 판단하기

한 번 더 예시 슬라이드를 스캔해 보겠습니다. 마찬가지로 1초 만에 제목 영역, 본문 영역, 보조 영역이 구분될 것입니다. 이렇게 시선의 흐름을 신경 쓰며 기획한 피피티는 핵심 메시지를 자연스럽게 파악할 수 있습니다.

▲ 스캔하기　　　　　　　　　　　　　　　　　　▲ 읽고 판단하기

제목과 본문의 레이아웃

기획이 끝났다면 이제 슬라이드의 레이아웃을 잡을 차례입니다. 피피티에서 가장 흔하게 볼 수 있는 레이아웃은 제목과 본문을 구분해 놓은 것으로 제목 영역에는 슬라이드의 제목이나 핵심 메시지를 입력하고, 본문 영역에는 슬라이드의 제목을 뒷받침하는 내용을 작성합니다.

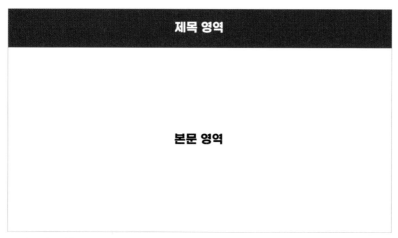

▲ 기본 레이아웃

제목 영역을 구분할 때는 도형이나 선을 사용하는 것이 좋습니다. 제목과 본문이 확실하게 구분될수록 청중이 제목을 확인하고 연계된 본문 내용에 집중할 수 있습니다.

▲ 도형으로 제목 영역을 구분한 예시

▲ 선으로 제목 영역을 구분한 예시

 사냥꾼 꿀팁!

아래 그림처럼 제목과 본문을 확실하게 구분해 놓지 않으면 시선이 위아래로 분산되어 가독성이 떨어지게 됩니다. 따라서 반드시 제목과 본문 영역을 구분한 후에 피피티를 작업하세요!

Conclusion

- Biliary complications associated with high-dose hypofractionated RT were minimal and do not present a significant obstacle to treatment plans.

제목을 구분했다면 이제 본문의 레이아웃을 잡을 차례입니다. 본문의 레이아웃은 전달하려는 메시지나 발표 주제 또는 슬라이드의 내용에 따라 수천수만 가지의 경우의 수가 나올 수 있습니다.

▲ 다양한 본문 레이아웃

본문의 레이아웃을 잡을 때 반드시 왼쪽, 오른쪽, 위, 아래의 여백과 개체와 개체 사이의 여백을 통일해야 합니다. 여백을 통일하면 슬라이드마다 레이아웃이 달라져도 시각적으로 안정감을 느끼게 됩니다. 만약 슬라이드의 여백이 제각각이라면 슬라이드를 넘길 때마다 레이아웃이 달라져 청중의 집중력이 흐트러지기 때문에 이 부분을 중점적으로 체크하는 것이 좋습니다.

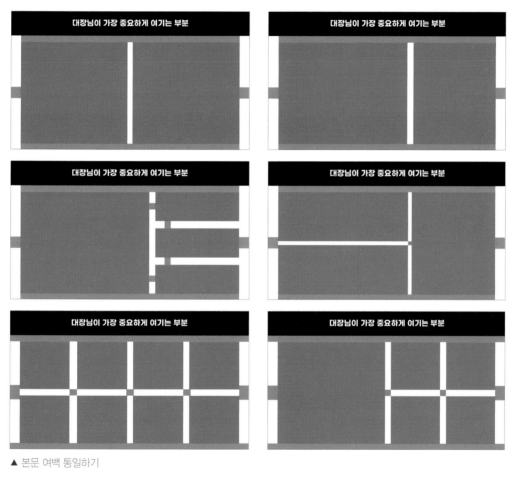

▲ 본문 여백 통일하기

평생 돌려막기 가능한 아홉 가지 도식화 방법

피피티의 레이아웃을 잡을 때 공식처럼 사용할 수 있는 도식화 방법을 살펴보겠습니다. 피피티 사냥꾼이 엄선한 아홉 가지의 도식화 방법을 실무 적용 사례와 함께 준비했으니 반드시 공식처럼 외워 두었다가 상황에 따라 나이스하게 활용해 보세요!

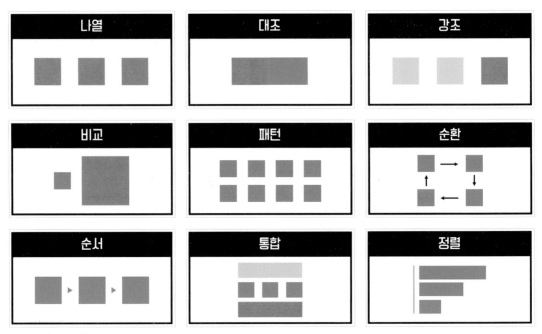

▲ 아홉 가지 도식화 방법

1) 나열

첫 번째 도식화 방법은 '나열'입니다. 나열 도식화는 사진이나 텍스트 등을 나열하는 방식으로 회사의 경쟁력, 강점, 기대 효과, 제품 소개와 관련된 내용을 설명하기 좋습니다. 나열하려는 하나의 개체만 제대로 만들고 나머지는 복사한 후에 수정하면 되기 때문에 짧은 시간 안에 슬라이드를 뚝딱 만들 수 있습니다.

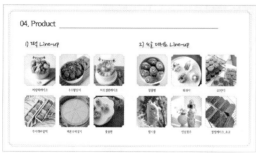

▲ 나열 슬라이드 예시

2) 대조

두 번째 도식화 방법은 '대조'입니다. 대조 도식화는 공통점을 가진 대상의 차이점을 비교하는 방식입니다. 색상을 활용해 차이점이 보이게 만드는 것이 좋고, 경쟁 구도를 나타낼 때 유용하게 사용할 수 있습니다.

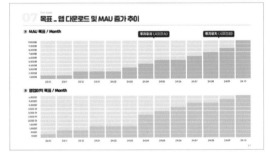

▲ 대조 슬라이드 예시

3) 강조

세 번째 도식화 방법은 '강조'입니다. 강조 도식화는 나열해 놓은 개체들 중 특정 부분만 돋보이게 하는 방법입니다. 크기에 차이를 주어 강조하는 것은 전체적인 레이아웃이나 정렬을 방해할 수 있기 때문에 색상을 활용해 강조하는 방법을 추천합니다. 강조에 대한 더 자세한 내용은 이어지는 'Lesson 2-2 강조에도 공식이 있다(p. 72)'에서 설명하겠습니다.

▲ 강조 슬라이드 예시

4) 비교

네 번째 도식화 방법은 '비교'입니다. 비교 도식화는 둘 이상의 대상을 견주어 서로 간의 공통점과 차이점을 살펴보는 방법입니다. 비교 도식화의 핵심은 청중이 비교하는 내용을 확실히 알 수 있게 만드는 것입니다. 'Lesson 2-2 강조에도 공식이 있다'에서 배울 텍스트 강조, 색상 강조 스킬을 사용하는 것이 좋습니다.

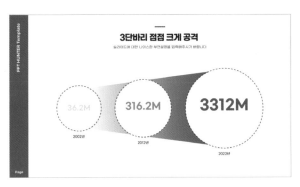

▲ 비교 슬라이드 예시

5) 패턴

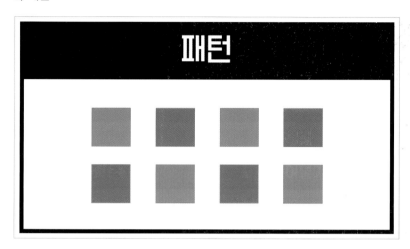

다섯 번째 도식화 방법은 '패턴'으로 동일한 형식의 개체가 네 개 이상 반복될 때 사용합니다. 똑같은 디자인의 개체를 반복해서 나열해 놓으면 지루해 보일 수 있기 때문에 두 가지 정도의 색상을 사용해 리듬감을 주는 것이 좋습니다.

▲ 패턴 슬라이드 예시

6) 순환

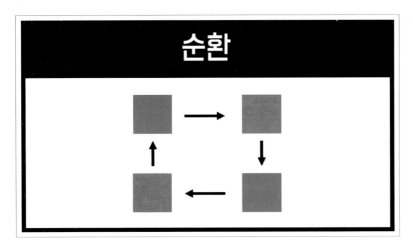

여섯 번째 도식화 방법은 '순환'입니다. 순환 도식화는 회사의 핵심 가치, SWOT 분석, 특징, 장점, 기대 효과 등 하나의 큰 메시지와 호환되는 하위 메시지를 표현하기 좋습니다.

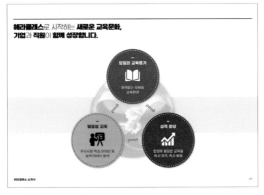

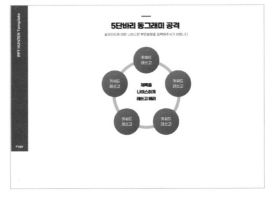

▲ 순환 슬라이드 예시

7) 순서

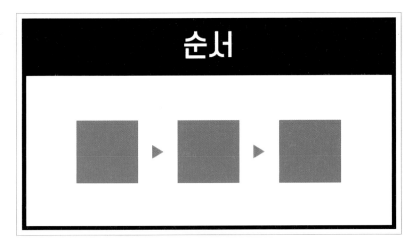

일곱 번째 도식화 방법은 '순서'입니다. 순서 도식화는 선이나 삼각형, 화살표 등의 도형으로 뚝딱 만들 수 있고 전달력도 좋기 때문에 실무에서 나이스하게 활용할 수 있습니다. 이어지는 실습 파트에서 여러 번 연습한 후 여러분의 치트키로 만들기 바랍니다.

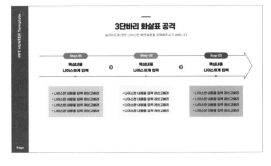

▲ 순서 슬라이드 예시

8) 통합

여덟 번째 도식화 방법은 '통합'입니다. 통합 도식화는 여러 가지 하위 메시지로 하나의 결론을 내릴 때 사용하기 좋습니다. 아직 피피티를 기획하는 것이 익숙하지 않은 분들에게는 조금 어려울 수 있기 때문에 일단은 이런 도식화 방법이 있다는 것만 알아도 충분합니다.

 만드는 방법이 궁금하면 사냥꾼에게 DM으로 물어보면 되는 부분인 거 RG?

▲ 통합 슬라이드 예시

9) 정렬

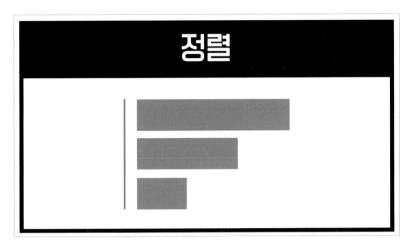

아홉 번째 도식화 방법은 '정렬'입니다. 정렬은 기본 중에 기본이지만 가장 중요하기 때문에 마지막 순서로 정했습니다. 슬라이드 안에 들어가는 내용이 많을수록 정렬의 중요성은 높아집니다. 피피티를 열심히 만들었는데 정렬이 틀어져 있으면 지저분해 보이기 때문에 습관적으로 정렬을 체크하는 것이 좋습니다.

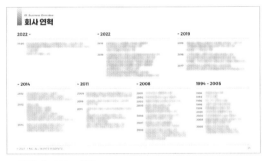
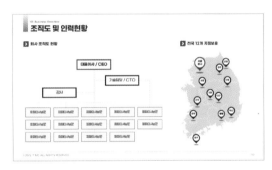

▲ 정렬 슬라이드 예시

Lesson 2-2

강조에도 공식이 있다

기획서를 제출할 때마다 번번이 퇴짜를 맞으면 기분이 좋지 않겠죠? 기획서를 열심히 작성했더라도 핵심 메시지의 강조 유무에 따라 잘 만든 기획서와 지루한 기획서로 나뉘게 됩니다. 이번 레슨에서는 기획서에 임팩트를 주어 보는 사람이 지루하지 않게 도와주는 효과적인 강조 방법에 대해 알아보겠습니다.

두 가지 강조 공식

텍스트에 밑줄을 긋거나 빨간색을 사용해 강조하는 것보다 훨씬 임팩트 있는 강조 방법을 '텍스트 강조'와 '색상 강조' 두 가지로 나누어 알려드립니다. 너무 과하지 않으면서 시선을 집중시킬 수 있는 강조 공식을 실무에서 나이스하게 활용해 보세요!

▲ 텍스트 강조와 색상 강조

| 텍스트 강조

먼저 텍스트를 강조하는 방법부터 살펴보겠습니다. 첫 번째 텍스트 강조 방법은 폰트 패밀리를 사용하는 것으로 폰트 패밀리란 폰트의 굵기나 기울기를 변형해 'Thin', 'Regular', 'Bold' 등으로 모아 놓은 것입니다. 예시 그림에서 'G마켓 산스 Light'와 'G마켓 산스 Bold'를 활용해 강조 효과를 준 윗줄의 문장이 'G마켓 산스 Medium'만 사용한 문장보다 훨씬 눈에 잘 들어오는 것을 확인할 수 있습니다.

▲ 폰트 패밀리를 활용한 문장 VS 한 가지 폰트만 사용한 문장

두 번째 텍스트 강조 방법은 색상에 변화를 주는 것입니다. 텍스트를 강조하기 위해 빨간색을 사용하는 것은 너무 진부한 방법입니다. 역발상하여 강조할 텍스트만 검은색으로 남겨두고 나머지 텍스트를 회색으로 변경해 보세요. 가독성 있으면서 텍스트를 고급스럽게 강조할 수 있습니다.

▲ 색상에 변화를 준 문장 VS 빨간색으로 강조한 문장

마지막 텍스트 강조 방법은 강조할 단어 위에 포인트 점을 넣는 것입니다. 텍스트로만 강조하기 아쉬울 때 도형을 사용해 핵심 단어 위에 포인트 점을 추가해 보세요. 남들은 빨간색으로 열심히 강조하고 있을 때 센스 있고 눈에 띄는 강조를 할 수 있습니다.

핵심메시지에 포인트

▲ 포인트 점 추가하기

사냥꾼 꿀팁!

Shift 를 누른 채 마우스를 드래그해 원 도형을 그리면 포인트 점을 찌그러지지 않게 그릴 수 있습니다. 포인트 점을 복사할 때는 Ctrl + Shift 를 누른 채 드래그해 보세요. 포인트 점을 일정한 간격으로 배치할 수 있습니다. 단축키가 어렵다면 [정렬] – [맞춤] – [가로 간격을 동일하게]로 정렬하면 되는 부분인 거 RG?

| 색상 강조

이번에는 색상을 활용한 강조 방법을 살펴보겠습니다. 아래 그림에서 오른쪽으로 갈수록 더 강조되어 보이는 이유는 색상이 주는 무게감에 차이가 있기 때문입니다. '회색 → 포인트 윤곽선 → 포인트 채우기' 순으로 강조되는 개념만 알고 있어도 색상을 자유자재로 사용할 수 있습니다.

이어서 도형이 나열되어 있을 때 활용할 수 있는 세 가지 강조 방법을 살펴보겠습니다. 시선은 왼쪽에서 오른쪽으로 흐르기 때문에 가장 오른쪽에 있는 도형을 강조해 줍니다. 왼쪽의 도형을 모두 '회색'으로 설정하고 강조할 도형은 포인트 윤곽선으로 설정해 검은색 텍스트를 입력하면 깔끔하게 강조할 수 있습니다.

강조할 도형에 포인트색을 채워 넣으면 포인트 윤곽선으로 강조했을 때보다 임팩트가 강해지죠? 도형의 윤곽선과 내부 중 어느 곳에 포인트색을 넣느냐에 따라 강조의 강도가 달라집니다.

회색으로 설정했던 도형을 포인트 윤곽선으로 변경하면 또 느낌이 달라지죠? 이때 도형 안의 텍스트를 회색으로 설정해 강조하는 도형에 시선이 가도록 하는 것이 포인트입니다. 강조는 상대적이기 때문에 알려드린 텍스트 강조와 색상 강조의 개념을 적절히 조합하면 다양한 방법으로 강조할 수 있습니다.

🐸 사냥꾼 꿀팁!

차트에도 색상 강조 공식을 적용할 수 있습니다. 왼쪽과 오른쪽의 차트를 비교해 보세요. 왼쪽의 차트는 원래 있던 테마를 사용했기 때문에 평범해 보이지만 오른쪽의 차트는 조금 더 신경 쓴 느낌이 들지 않나요? 이렇게 다른 디자인적 요소 없이 색상을 강조하는 것만으로 시각적인 전달력을 극대화할 수 있습니다.

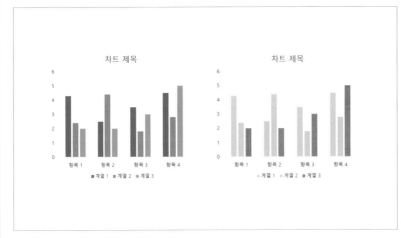

▲ 기본 차트 VS 색상 강조 공식을 적용한 차트

텍스트 시각화에도 공식이 있다

보고서에 텍스트만 쭈욱 나열되어 있으면 보는 순간 읽기 싫어지겠죠? 이번 레슨에서는 텍스트를 시각화하는 방법을 모르는 분들을 위해 텍스트 시각화 공식을 준비했습니다. 지금부터 청중을 유혹하는 텍스트 시각화 공식에 대해 알아보겠습니다.

텍스트 시각화 프로세스 4단계

아래 그림은 동일한 뉴스 기사로 만든 슬라이드입니다. 대부분은 왼쪽의 슬라이드처럼 인터넷에 있는 내용을 그대로 가져와 붙여넣곤 하는데요. 텍스트를 단순 복사·붙여넣기해 피피티를 만들면 어떤 내용이 핵심 메시지인지 알 수가 없습니다. 텍스트는 넘쳐나는데 어떻게 정리해야 할지 모를 때 사용하기 좋은 텍스트 시각화 프로세스를 공개합니다.

▲ 텍스트 시각화 전

▲ 텍스트 시각화 후

텍스트 시각화 프로세스는 총 4단계입니다. 피피티 제작 경험이 많으면 프로세스대로 빠르게 텍스트를 시각화할 수 있지만 아직 프로세스가 익숙하지 않은 분들에게는 쉽지 않은 작업일 수 있습니다. 그렇기 때문에 먼저 단계별로 어떤 작업을 하는지 설명드리겠습니다.

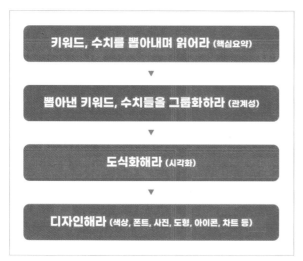

▲ 텍스트 시각화 프로세스 4단계

1단계, 자료의 키워드와 수치를 골라내며 읽어라.

먼저 시각화하고 싶은 자료를 여러 번 읽으면서 키워드와 수치를 골라냅니다. 모든 글은 핵심 메시지와 그에 대한 설명으로 구성되어 있습니다. 글에서 시각화할 키워드와 수치를 뽑아내 보세요. 만약 키워드와 수치를 골라내는 것이 어렵다면 '챗GPT'를 사용해도 좋습니다. 하지만 여러분의 역량을 키우고 싶다면 꼭 직접 해보는 것을 추천합니다.

2단계. 선별한 키워드와 수치를 그룹화하라.

1단계에서 골라낸 키워드와 수치를 주제별로 그룹화하는 단계입니다. 1단계에서 주제에 따라 색상으로 구분해 놓으면 2단계의 작업이 훨씬 수월해집니다. 만약 실제로 작업할 때 주제가 세~네 개로 나뉜다면 그룹화도 동일하게 작업해 주세요. 2단계에서 그룹화한 데이터가 텍스트 시각화의 초안이 됩니다.

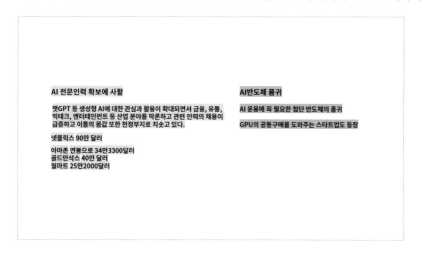

3단계. 도식화해라

'Lesson 2-1 도식화에도 공식이 있다'에서 알려드린 아홉 가지 도식화 공식을 3단계에 적용할 수 있습니다. 아홉 가지의 도식화 방법 중 가장 적합한 방법을 선택해 레이아웃을 잡아 보세요. 아래 예시 자료는 '나열' 도식화를 적용해 보았습니다. 나열 도식화의 포인트는 구조적으로 안정감을 갖는 것이기 때문에 빈 공간은 사진으로 대체하여 그룹 1과 그룹 2의 밸런스를 맞춰 줍니다(이건 사실 경험치에 따라 달라지는 부분이라고 생각하면 됩니다).

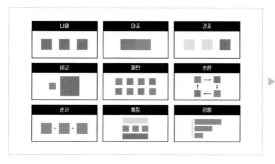

4단계, 디자인해라

도식화로 레이아웃을 정리했다면 이제 앞에서 배운 기본기를 활용해 텍스트, 도형, 사진 등의 서식을 변경하면 됩니다. 3단계에서 제대로 정리하지 않고 디자인으로 부족한 부분을 채우려고 하면 절대 좋은 자료가 될 수 없습니다. 반대로 3단계에서 나이스하게 정리해도 디자인이 부족하면 메시지의 전달력이 떨어집니다. 여러분들이 디자인 스킬을 연습할 수 있도록 이어지는 파트에서 다양한 실습 예제를 준비했습니다.

 이어지는 파트만 그대로 따라 해도 디자인 스킬을 향상시킬 수 있으니까 사냥꾼만 믿고 끝까지 따라오면 되는 부분인 거 RG?

Part

02

평생 돌려막는
다이어그램

워드나 엑셀은 텍스트를 위주로 정보를 전달하는 것이 좋지
만 파워포인트는 사진이나 도형으로 정보를 시각화하는 것
이 좋습니다. 하지만 많은 분들이 '데이터 시각화'를 어렵게
생각하고 있기 때문에 이번 파트에서는 복잡한 데이터를 보
기 좋게 정리할 수 있는 다이어그램에 대해 알아보겠습니다.
앞으로 여러분의 피피티를 평생 책임질 여러 가지 형태의 다
이어그램을 함께 만들어 보시죠!

텍스트 나열형
다이어그램 사냥

인터넷에서 검색한 정보를 그대로 복사·붙여넣기해 피피티를
만들면 텍스트의 가독성이 떨어지고 무성의하게 느껴집니다.
이번 챕터에서는 많은 양의 텍스트를 나열할 때 유용한 다섯 가
지 형태의 텍스트 나열형 다이어그램을 만들어 보겠습니다.

Lesson 3-1 텍스트 목록형 다이어그램

미리보기　　　📁 완성파일 | P02\Ch03 텍스트 나열형 다이어그램.pptx − 슬라이드 1

Basic	합리적인 가격으로 안정적인 통신을 제공하여 일상을 편안하게 즐길 수 있습니다. 신뢰성과 편의성이 결합된 요금제로, 예산을 고려하는 사용자에게 이상적입니다.
Standard	다양한 기능과 안정된 성능을 갖춘 플랜, 일상적인 요구를 충족시키면서도 합리적인 가격으로 제공됩니다. 풍부한 기능과 신뢰성 있는 서비스로, 평범한 사용자에게 최적화된 선택입니다.
Premium	최고의 서비스와 용량, 특별 혜택을 제공하는 최상위 등급, 뛰어난 연결력과 풍요로운 경험으로 통신 환경을 업그레이드합니다.

텍스트로 메시지를 전달할 때는 핵심 내용을 깔끔하게 시각화하는 것이 중요합니다. 전달할 내용이 많은데 텍스트가 정리되어 있지 않으면 핵심 내용을 파악하기 어렵겠죠? 이번 레슨에서는 많은 양의 텍스트를 깔끔하게 정리할 수 있는 텍스트 목록형 다이어그램을 만들어 보겠습니다.

01 [삽입] - [도형] - [사각형] - [직사각형]을 삽입한 후 윤곽선의 색상을 '윤곽선 없음'으로 설정하고 'Montserrat ExtraBold, 16 pt', '흰색'의 텍스트를 입력합니다.

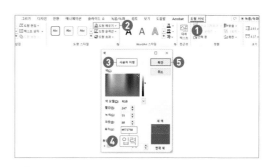

02 상단 메뉴의 [도형 서식] - [도형 채우기] - [다른 채우기 색] - [사용자 지정]에서 육각 입력란에 '#F73758'을 입력한 후 [확인]을 클릭합니다.

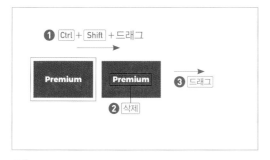

03 사각형을 Ctrl + Shift 를 누른 채 오른쪽으로 드래그하여 복사하고 기존의 텍스트를 삭제한 후 오른쪽 꼭짓점을 오른쪽으로 드래그해 길이를 늘려 줍니다.

04 복사한 도형의 색상을 '#F2F2F2'로 설정하고 'G마켓 산스 Medium, 14 pt'로 설명 텍스트를 입력합니다.

05 설명 텍스트의 줄 간격을 설정하기 위해 회색 도형을 선택하고 [홈] - [줄 간격] - [줄 간격 옵션]을 선택합니다.

06 줄 간격은 '배수', 값을 '1.15'로 설정하고 [확인]을 클릭합니다.

07 Ctrl 을 누른 채 도형 두 개를 클릭하고 Ctrl + G 를 눌러 그룹화합니다.

복사할 개체의 서식을 설정하고 그룹화한 후 작업하면 빠르고 효율적으로 피피티를 만들 수 있습니다.

08 그룹 개체를 Ctrl + Shift 를 누른 채 아래로 드래 그하고 F4 를 눌러 복사합니다. 그룹 개체를 전체 선택 하고 Ctrl + Shift + G 를 눌러 그룹을 해제합니다.

F4 는 직전에 수행한 기능을 반복하는 단축키입니다. Ctrl + Shift 를 누른 채 아래로 드래그한 후 다른 곳을 클릭 하면 F4 가 실행되지 않습니다.

09 첫 번째 도형을 마우스 오른쪽 버튼으로 클릭 – [도형 서식]을 선택하고 [채우기 및 선] – [채우기]에서 투명도를 '60%'로 설정합니다. 두 번째 도형의 투명도 는 '30%'로 설정해 주세요.

한 가지 색상의 투명도를 조절하면 전체적인 톤앤매너 를 살리면서 시각적으로 리듬감을 줄 수 있습니다.

10 마지막으로 키워드와 설명 텍스트를 수정하면 텍 스트 나열형 다이어그램 완성!

키워드나 설명 텍스트가 길어져 도형의 크기를 조절하고 싶다면 전체 그룹화한 상태에서 개체의 크기를 조절합니다.

텍스트 순서형 다이어그램

미리보기　　　　　　📁 완성파일 | P02\Ch03 텍스트 나열형 다이어그램.pptx – 슬라이드 2

이번에는 모서리가 둥근 사각형을 활용해 목차를 나타내거나 어떠한 과정을 순서대로 설명할 때 사용하기 좋은 텍스트 순서형 다이어그램을 만들어 보겠습니다.

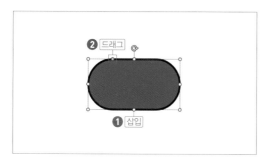

01 [삽입] - [도형] - [사각형] - [사각형: 둥근 모서리]를 삽입하고 노란색 조절점을 안쪽으로 드래그해 모서리를 둥글게 만들어 줍니다.

02 도형의 색상을 '보라색(#5B25EB)'과 '윤곽선 없음'으로 설정하고 'Montserrat ExtraBold, 18 pt', '흰색'의 텍스트를 입력합니다.

03 02에서 만든 도형을 Ctrl + Shift 를 누른 채 오른쪽으로 드래그하여 살짝 겹치게 배치한 후 기존에 입력한 텍스트는 삭제합니다.

04 도형의 오른쪽 꼭짓점을 오른쪽으로 드래그해 너비를 늘리고 색상을 '회색(#D9D9D9)'으로 설정합니다.

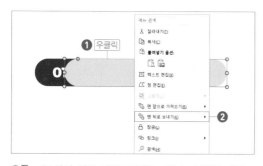

05 04에서 만든 회색 도형을 마우스 오른쪽 버튼으로 클릭하고 [맨 뒤로 보내기]를 클릭합니다.

06 회색 도형에는 'G마켓 산스 Medium, 14 pt'의 텍스트를 입력합니다.

길이가 가장 긴 제목이나 본문 텍스트를 기준으로 도형의 너비를 정해 놓아야 효율적으로 작업할 수 있습니다.

07 Ctrl 을 누른 채 도형 두 개를 클릭하고 Ctrl + G 를 눌러 그룹화합니다.

08 Ctrl + Shift 를 누른 채 아래로 드래그하여 복사하고 F4 를 세 번 눌러 다섯 개의 그룹 개체를 동일한 간격으로 배치합니다.

Ctrl + Shift 를 누른 채 아래로 네 번 드래그한 후 [홈] – [정렬] – [맞춤] – [세로 간격을 동일하게]로 개체를 정렬해도 좋습니다.

09 드래그하여 모든 개체를 선택하고 Ctrl + Shift + G 를 눌러 그룹화를 해제합니다.

10 각각의 숫자와 텍스트를 수정하면 깔끔한 텍스트 순서형 다이어그램이 완성되었습니다.

'Lesson 3–1'에서 만든 텍스트 목록형 다이어그램처럼 투명도를 살짝 변경하면 전체적인 톤앤매너를 유지하면서 리듬감을 살릴 수 있는 부분인 거 RG?

아이콘 텍스트 나열형 다이어그램

미리보기　　　　　📁 완성파일 | P02\Ch03 텍스트 나열형 다이어그램.pptx – 슬라이드 3

첫 번째 제목

합리적인 가격으로 안정적인 통신을 제공하여 일상을 편안하게 즐길 수 있습니다. 신뢰성과 편의성이 결합된 요금제로, 예산을 고려하는 사용자에게 이상적입니다.

두 번째 제목

다양한 기능과 안정된 성능을 갖춘 플랜, 일상적인 요구를 충족시키면서도 합리적인 가격으로 제공됩니다. 풍부한 기능과 신뢰성 있는 서비스로, 평범한 사용자에게 최적화된 선택입니다.

세 번째 제목

최고의 서비스와 용량, 특별 혜택을 제공하는 최상위 등급, 뛰어난 연결력과 풍요로운 경험으로 통신 환경을 업그레이드합니다.

텍스트를 나열할 때 주제를 나타내는 아이콘을 추가하면 메시지의 전달력이 10배 이상 올라갑니다. 이번 레슨에서는 키워드에 어울리는 아이콘을 추가한 텍스트 나열형 다이어그램을 사냥해 보겠습니다.

01 [삽입] – [도형] – [사각형] – [직사각형]을 그림과 같이 얇고 길쭉하게 삽입한 후 색상을 '핑크색(#FA03CD)'과 '윤곽선 없음'으로 설정합니다.

02 핑크색 도형을 Ctrl + Shift 를 누른 채 오른쪽으로 드래그하여 수평 복사하고 도형의 오른쪽 꼭짓점을 오른쪽으로 드래그해 너비를 늘려 줍니다.

03 복사한 사각형의 색상을 '회색(#F2F2F2)'으로 설정합니다.

04 [삽입] – [도형] – [기본 도형] – [타원]을 Shift 를 누른 상태에서 드래그하여 삽입합니다.

05 색상은 '흰색'으로 설정하고 윤곽선의 색상은 '핑크색(#FA03CD)', 두께는 '1 pt'로 설정합니다.

06 도형을 전체 선택하고 [홈] – [정렬] – [맞춤] – [중간 맞춤]을 클릭해 정렬합니다.

07 플래티콘(flaticon.com)에서 키워드와 일치하는 아이콘을 다운로드해 삽입하고 원 도형 안에서 크기와 위치를 조절합니다.

아이콘은 기본적으로 정사각형 비율이기 때문에 크기를 조절할 때 Shift 를 누른 상태에서 흰색 대각선 꼭짓점을 드래그해 비율을 유지합니다.

08 텍스트 상자 두 개를 삽입하고 제목(G마켓 산스 Bold, 14 pt)과 본문(G마켓 산스 Medium, 10 pt) 텍스트를 입력합니다. 강조하고 싶은 키워드는 포인트 색으로 설정해 주세요.

09 제목과 본문 텍스트를 Ctrl + L 을 눌러 왼쪽으로 정렬한 후 전체적으로 회색 도형의 세로 센터에 위치하도록 배치합니다.

텍스트 상자와 도형의 위치를 조절할 때 그룹화(Ctrl + G)와 수평·수직 이동(Shift + 드래그) 그리고 정렬 기능을 활용하면 효율적으로 작업할 수 있습니다.

10 본문 텍스트를 선택해 [홈] – [줄 간격] – [줄 간격 옵션]을 클릭하고 줄 간격은 '배수'로, 값은 '1.1'로 설정한 후 [확인]을 클릭합니다.

줄 간격의 값은 텍스트의 크기와 폰트 종류에 따라 '1.1 ~ 1.3' 사이에서 '0.05' 단위로 조절하는 것이 좋습니다.

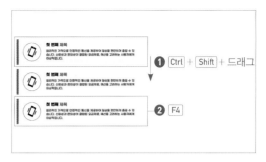

11 모든 개체를 전체 선택한 후 Ctrl + G 를 눌러 그룹화합니다.

개체가 많을수록 그룹화한 후에 수정하는 것이 효율적으로 작업하는 꿀팁인 거 RG?

12 Ctrl + Shift 를 누른 채 그룹 개체를 아래로 드래그하여 복사하고 F4 를 눌러 세 개의 그룹 개체를 동일한 간격으로 배치합니다.

13 플래티콘(flaticon.com)에서 두 번째, 세 번째 키워드에 해당하는 아이콘을 다운로드하고 삽입합니다.

아이콘을 교체하는 방법은 'Part 01 〉 Chapter 01 〉 Lesson 1-5 백 마디 말보다 아이콘 한 개가 낫다(p. 49)'에 자세히 나와 있는 부분인 거 RG?

14 마지막으로 키워드와 본문 내용을 수정하면 아이콘 텍스트 나열형 다이어그램 완성!

핵심이 되는 단어를 포인트 색으로 강조하면 키워드를 눈에 띄게 강조할 수 있는 부분인 거 RG?

텍스트 단계형 다이어그램

미리보기　　　　　🗂 완성파일 | P02\Ch03 텍스트 나열형 다이어그램.pptx - 슬라이드 4

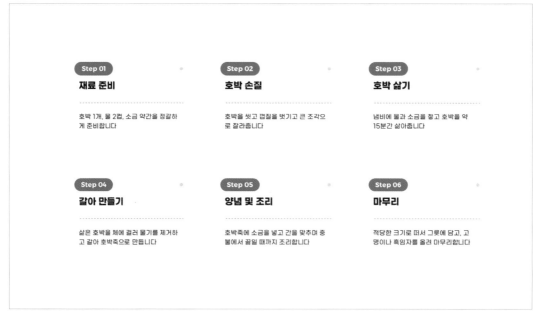

어떤 과정을 소개할 때는 순서대로 설명하는 것이 좋습니다. 이번 레슨에서는 호박죽의 레시피를 단계적으로 보여 주는 텍스트 단계형 다이어그램을 만들어 보겠습니다.

01 [삽입] – [도형] – [사각형] – [사각형: 둥근 모서리]를 적당한 크기로 삽입하고 노란색 조절점을 안쪽으로 드래그해 모서리를 둥글게 만들어 줍니다.

02 도형의 색상을 '파란색(#256DE6)'과 '윤곽선 없음'으로 설정하고 도형 안에 'Montserrat SemiBold, 10.5 pt'의 '흰색' 텍스트를 입력합니다.

03 도형 아래에 텍스트 상자 두 개를 삽입하고 제목(G마켓 산스 Bold, 14 pt)과 본문(G마켓 산스 Medium, 10 pt) 텍스트를 입력합니다.

04 텍스트를 모두 선택하고 마우스 오른쪽 버튼 클릭 – [개체 서식]을 클릭합니다. [텍스트 옵션] – [텍스트 채우기 및 윤곽선] – [텍스트 윤곽선]에서 '실선'을 선택하고 투명도를 '100%'로 설정합니다.

05 본문 텍스트를 선택해 [홈] – [줄 간격] – [줄 간격 옵션]을 클릭하고 줄 간격은 '배수', 값은 '1.3'으로 설정한 후 [확인]을 클릭합니다.

06 [삽입] – [도형] – [선] – [선]을 제목과 본문 텍스트 사이에 Shift 를 누른 상태로 드래그해 삽입합니다.

07 선의 색상은 '파란색(#256DE6)', 두께는 '¾ pt (0.75 pt),' 대시는 '파선'으로 설정합니다.

08 오른쪽 상단에 디자인 포인트로 '연한 파란색(#B1 CBF5)'의 원을 삽입합니다.

디자인 포인트로 넣는 원의 위치는 모서리가 둥근 사각형과 '위쪽 맞춤', 텍스트 사이에 넣은 점선과 '오른쪽 맞춤'이 되도록 배치하는 것이 포인트입니다.

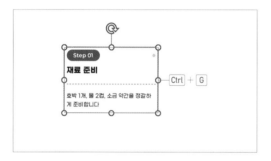

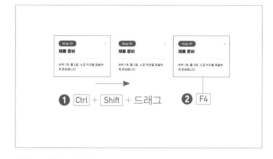

09 드래그하여 전체 개체를 선택하고 Ctrl + G 를 눌러 그룹화합니다.

10 Ctrl + Shift 를 누른 채 그룹 개체를 오른쪽으로 드래그하여 복사하고 F4 를 눌러 세 개의 그룹 개체를 동일한 간격으로 배치합니다.

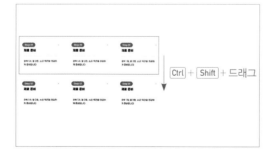

11 10에서 만든 그룹 개체 세 개를 전체 선택하고 Ctrl + Shift 를 누른 채 아래로 드래그하여 복사합니다.

12 마지막으로 숫자, 제목, 본문 텍스트를 수정하면 깔끔한 텍스트 단계형 다이어그램이 완성됩니다.

텍스트 목차형 다이어그램

미리보기　　　　　　　　　　🗂 완성파일 | P02\Ch03 텍스트 나열형 다이어그램.pptx – 슬라이드 5

---

01. Place　　　1-1. 만경강 수변 생태공원

　　　　　　　　1-2. 삼례 문화예술촌

　　　　　　　　1-3. 완주 군청

　　　　　　　　1-4. 누에 박물관

02. Content　　2-1. 영화제 성공을 위한 퍼레이드

　　　　　　　　2-2. 만경강 등불 축제

　　　　　　　　2-3. 개막기념 축하 불꽃놀이

03. Entry　　　3-1. 단편영화제 조직위원회

　　　　　　　　3-2. 영화계 관련인사

　　　　　　　　3-3. 개막작 상영

이번에는 선으로 핵심 메시지와 설명 메시지를 깔끔하게 정리한 텍스트 목차형 다이어그램을 만들어 보겠습니다. 선과 텍스트로만 구성되어 있어 어떤 상황에서도 무난하게 사용할 수 있는 디자인의 다이어그램입니다.

01 [삽입] – [도형] – [선] – [선]을 Shift 를 누른 채 드래그하여 삽입하고 선의 색상은 '핑크색(#EA4984)', 두께는 '2¼ pt (2.25 pt)'로 설정합니다.

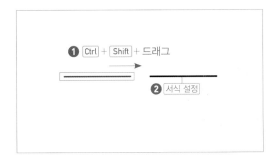

02 Ctrl + Shift 를 누른 채 선을 오른쪽으로 드래그해 복사하고 색상을 '검은색'으로 설정합니다.

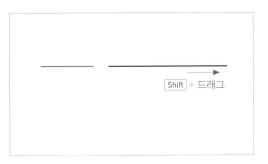

03 복사한 선의 꼭짓점을 Shift 를 누른 채 오른쪽으로 드래그해 길이를 늘려 줍니다. 가장 긴 텍스트를 기준으로 길이를 잡는 것이 좋습니다.

04 텍스트 상자를 삽입한 후 'Montserrat ExtraBold, 18 pt'의 제목을 입력하고 Ctrl + R 을 눌러 오른쪽으로 정렬합니다. 선의 끝부분에 맞춰 텍스트를 배치한 후 색상은 자유롭게 설정합니다.

05 텍스트를 마우스 오른쪽 버튼으로 클릭하고 [도형 서식]을 선택합니다. [텍스트 옵션] – [텍스트 상자]에서 오른쪽 여백을 '0'으로 설정해 미세한 여백이 사라지게 합니다.

06 텍스트 상자를 삽입하고 'G마켓 산스 Medium, 14 pt'의 목차를 입력한 후 선의 왼쪽 끝부분에 맞춰 텍스트를 배치합니다.

07 목차의 줄 간격을 설정하기 위해 목차 텍스트를 선택하고 [홈] – [줄 간격] – [2.0]을 클릭합니다.

08 목차 텍스트를 마우스 오른쪽 버튼으로 클릭하고 [도형 서식]을 선택합니다. [텍스트 옵션] – [텍스트 상자]에서 왼쪽 여백을 '0'으로 설정해 미세한 여백이 사라지게 합니다.

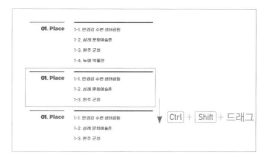

09 전체 개체를 선택해 Ctrl + Shift 를 누른 채 아래로 드래그하여 수직으로 복사하고 복사한 목차에서 마지막 텍스트는 삭제합니다.

10 같은 방식으로 복사한 개체를 전체 선택하고 Ctrl + Shift 를 누른 채 아래로 드래그하여 수직으로 복사합니다.

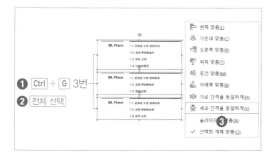

11 Ctrl + G 를 세 번 눌러 세 개의 그룹으로 그룹화한 후 그룹 개체를 전체 선택하고 [홈] – [정렬] – [맞춤] – [세로 간격을 동일하게]를 선택해 그룹 간의 간격을 맞춰 줍니다.

12 마지막으로 텍스트를 알맞게 수정하면 다이어그램이 완성됩니다.

계층형
다이어그램 사냥

이번 챕터에서는 사냥꾼이 자신 있게 추천하는 네 가지 계층형 다이어그램을 만들어 보겠습니다. 복잡한 내용을 마법같이 정리해 주는 계층형 다이어그램을 함께 만들어 보시죠!

계단형 다이어그램

미리보기　　　　　　　　　　　　완성파일 | P02\Ch04 계층형 다이어그램.pptx – 슬라이드 1

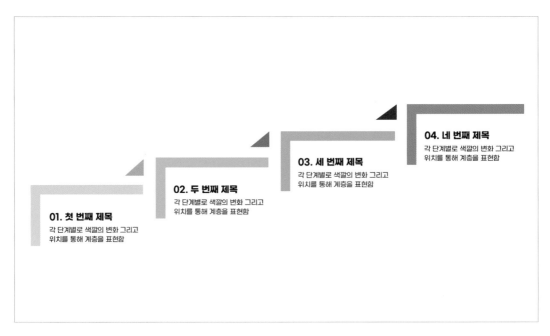

파워포인트의 '스마트아트(SmartArt)' 기능을 활용해 계단형 다이어그램을 만들어 보겠습니다. 계단형 다이어그램은 순차적으로 설명할 정보를 직관적으로 나타낼 수 있는 다이어그램입니다.

01 [삽입] - [SmartArt]를 클릭합니다.

02 [SmartArt 그래픽 선택] 대화상자에서 [프로세스형] - [단계 상승 프로세스형]을 선택하고 [확인]을 클릭합니다.

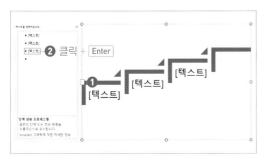

03 스마트아트의 왼쪽 가운데에 있는 화살표를 클릭하고 왼쪽 텍스트 입력창을 클릭한 후 Enter 를 눌러 네 개의 계층을 만들어 줍니다.

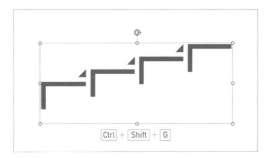

04 스마트아트를 선택하고 Ctrl + Shift + G 를 눌러 그룹화를 해제하면 스마트아트에서 그룹 개체로 변경됩니다.

05 그룹 개체의 꼭짓점을 드래그해 크기를 조절해 줍니다.

Ctrl 을 누르고 꼭짓점을 드래그하면 센터를 유지한 채로 개체의 너비와 높이를 조절할 수 있습니다.

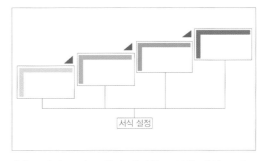

06 계단 모양 도형의 색상을 초록색 계열로 바꾸겠습니다. 왼쪽부터 순서대로 '#A9E87F', '#00D49C', '#00B1A5', '#018BAA'로 설정하고 전체 '윤곽선 없음'으로 설정합니다.

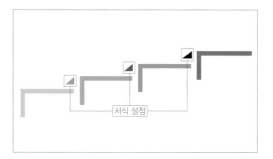

07 삼각형의 색상을 회색 계열로 바꾸겠습니다. 왼쪽부터 순서대로 '#AFABAB', '#767171', '#3B3838'로 설정합니다.

08 텍스트 상자 두 개를 삽입하고 제목(G마켓 산스 Bold, 16 pt)과 설명(G마켓 산스 Medium, 12 pt) 텍스트를 입력한 후 Ctrl + G 를 눌러 그룹화합니다.

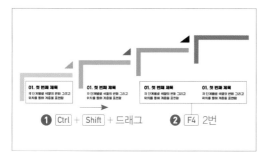

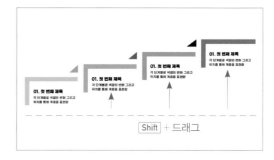

09 그룹 개체를 Ctrl + Shift 를 누른 채 오른쪽으로 드래그하여 복사하고 F4 를 두 번 눌러 네 개의 그룹 개체를 동일한 간격으로 배치합니다.

그룹 개체를 수평 복사할 때 텍스트와 도형의 오른쪽 끝부분이 일치하도록 배치합니다.

10 각각의 텍스트 그룹을 Shift 를 누른 채 드래그하여 그림과 같이 배치합니다.

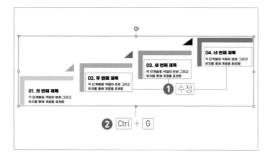

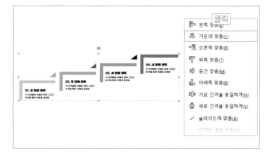

11 텍스트 그룹의 내용을 각각 수정한 후 전체 개체를 선택해 Ctrl + G 를 눌러 그룹화합니다.

12 [홈] - [정렬] - [맞춤] - [가운데 맞춤]을 클릭해 슬라이드 정가운데에 그룹 개체를 배치하면 계단형 다이어그램 완성!

원형 다이어그램

미리보기 📁 완성파일 | P02\Ch04 계층형 다이어그램.pptx – 슬라이드 2

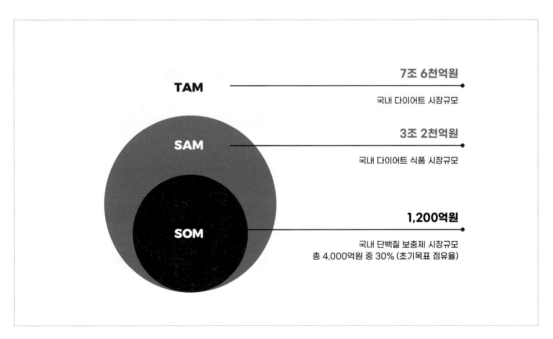

이번에도 '스마트아트(SmartArt)' 기능을 사용해 투자 제안서나 프로젝트 제안서에 활용하기 좋은 원형 다이어그램을 만들어 보겠습니다. 시장의 규모나 비중을 나타낼 때 사용하기 좋은 다이어그램입니다.

01 [삽입] - [SmartArt]를 클릭합니다.

02 [SmartArt 그래픽 선택] 대화상자에서 [관계형] - [누적 벤형]을 선택하고 [확인]을 클릭합니다.

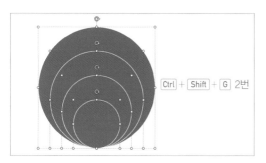

03 스마트아트를 선택하고 `Ctrl` + `Shift` + `G`를 두 번 눌러 그룹화를 해제합니다.

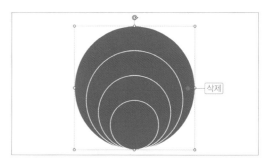

04 가장 바깥에 있는 원을 선택해 `Delete`를 눌러 삭제하고 세 개의 원만 남겨 줍니다.

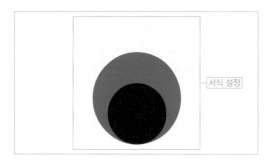

05 가장 안에 있는 작은 원의 색상은 '#002060', 가장 바깥에 있는 큰 원의 색상은 '#ECF1F9' 그리고 전체 '윤곽선 없음'으로 설정합니다.

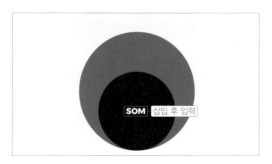

06 가장 안에 있는 작은 원에 텍스트 상자를 삽입하고 'Montserrat ExtraBold, 18 pt'의 '흰색' 텍스트를 입력합니다.

07 텍스트를 Ctrl + Shift 를 누른 채 위로 두 번 드래 그하여 그림과 같이 배치합니다.

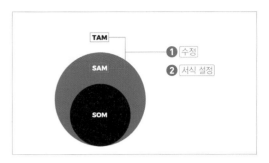

08 복사한 텍스트를 수정하고 가장 위에 있는 텍스트의 색상을 '남색(#002060)'으로 설정합니다.

09 [삽입] – [도형] – [선] – [선]을 Shift 를 누른 채 왼쪽에서 오른쪽으로 드래그하여 삽입하고 선을 마우스 오른쪽 버튼으로 클릭 – [도형 서식]을 선택합니다.

10 [채우기 및 선] – [선]에서 색상은 '남색(#002060)', 너비는 '1.25 pt'로 설정하고 화살표 꼬리 유형은 '타원 화살표'로 선택합니다.

11 선 위에 텍스트 상자를 삽입하고 'G마켓 산스 Bold, 16 pt'의 제목 텍스트를 입력한 후 Ctrl + R 을 눌러 오른쪽으로 정렬합니다.

12 선 아래에 텍스트 상자를 삽입하고 'G마켓 산스 Medium, 12 pt'의 설명 텍스트를 입력한 후 Ctrl + R 을 눌러 오른쪽으로 정렬합니다.

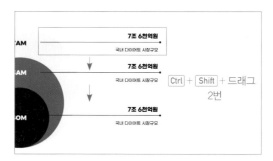

13 텍스트를 선의 오른쪽 끝부분에 맞춰 배치하고 제목, 설명 텍스트 그리고 선을 전체 선택한 후 Ctrl + G 를 눌러 그룹화합니다.

14 그룹 개체를 Ctrl + Shift 를 누른 채 아래로 두 번 드래그하여 원 안의 텍스트와 이어지도록 배치합니다.

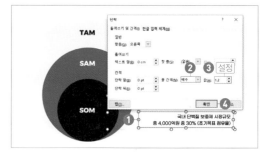

15 복사한 제목과 설명 텍스트를 각각 수정하고 강조하고 싶은 키워드는 포인트 색으로 설정해 봅니다.

16 마지막 설명 텍스트를 선택해 [홈] – [줄 간격] – [줄 간격 옵션]을 클릭하고 줄 간격은 '배수', 값은 '1.2'로 설정한 후 [확인]을 클릭하면 완성됩니다.

피라미드형 다이어그램

완성파일 | P02\Ch04 계층형 다이어그램.pptx – 슬라이드 3

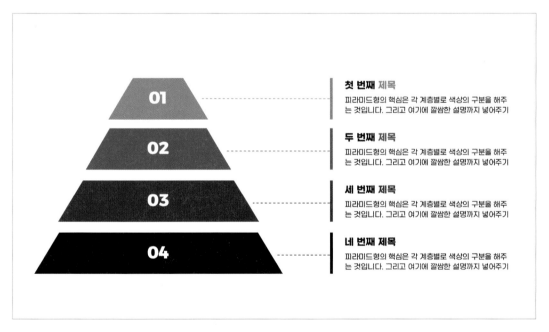

피라미드형 다이어그램은 계층이 있는 구조나 연속되는 순서를 효과적으로 표현할 수 있고, 특히 복잡한 개념을 명료하게 나타낼 때 사용하기 좋은 다이어그램입니다. 마찬가지로 '스마트아트(SmartArt)' 기능을 사용해 피라미드형 다이어그램을 만들어 보겠습니다.

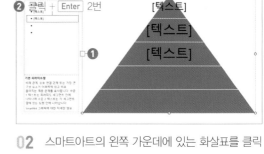

01 [삽입] - [SmartArt]를 클릭하고 [SmartArt 그래픽 선택] 대화상자에서 [피라미드형] - [기본 피라미드형]을 선택한 후 [확인]을 클릭합니다.

02 스마트아트의 왼쪽 가운데에 있는 화살표를 클릭합니다. 왼쪽 텍스트 입력창을 클릭한 후 Enter 를 두 번 눌러 다섯 개의 계층을 만들어 줍니다.

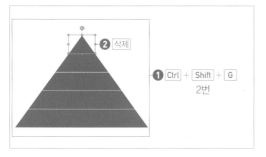

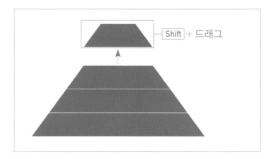

03 스마트아트를 선택한 후 Ctrl + Shift + G 를 두 번 눌러 그룹화를 해제하고 가장 위에 있는 삼각형을 Delete 를 눌러 삭제합니다.

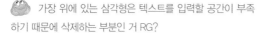
가장 위에 있는 삼각형은 텍스트를 입력할 공간이 부족하기 때문에 삭제하는 부분인 거 RG?

04 첫 번째 피라미드 도형을 Shift 를 누른 채 위로 드래그합니다.

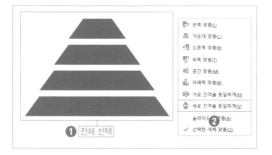

05 피라미드 도형을 전체 선택하고 [홈] - [정렬] - [맞춤] - [세로 간격을 동일하게]를 클릭해 세로 간격을 맞춰 줍니다.

06 첫 번째 도형은 '#F05941', 두 번째 도형은 '#BE3144', 세 번째 도형은 '#872341', 네 번째 도형은 '#22092C'로 그리고 전체 '윤곽선 없음'으로 색상을 설정합니다.

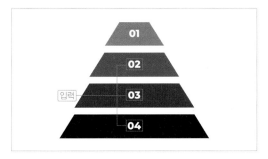

07 피라미드 도형마다 'Montserrat ExtraBold, 28 pt'의 '흰색' 숫자 텍스트를 입력합니다.

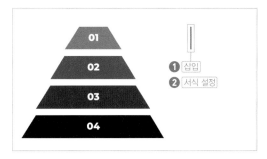

08 피라미드 도형 오른쪽에 [삽입] − [도형] − [사각형] − [직사각형]을 삽입하고 색상을 '주황색(#F05941)'과 '윤곽선 없음'으로 설정합니다.

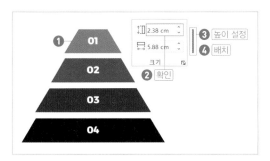

09 가장 첫 번째 도형을 선택하고 [도형 서식] − [크기]에서 높이를 확인합니다. 사각형을 똑같은 높이로 설정하고 피라미드 도형과 동일 선상에 배치합니다.

10 텍스트 상자 두 개를 삽입하고 사각형 오른쪽에 제목(G마켓 산스 Bold, 16 pt)과 설명(G마켓 산스 Medium, 12 pt) 텍스트를 입력한 후 Ctrl + L을 눌러 왼쪽으로 정렬합니다.

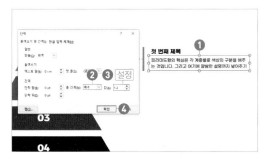

11 설명 텍스트를 선택해 [홈] − [줄 간격] − [줄 간격 옵션]을 클릭하고 줄 간격은 '배수', 값은 '1.2'로 설정한 후 [확인]을 클릭합니다.

12 오른쪽 개체를 전체 선택한 후 Ctrl + G를 눌러 그룹화합니다. 강조하고 싶은 키워드는 포인트 색으로 설정해도 좋습니다.

13 그룹 개체를 `Ctrl` + `Shift` 를 누른 채 아래로 드래 그한 후 `F4` 를 두 번 눌러 네 개의 그룹 개체를 동일한 간격으로 배치합니다.

14 제목과 설명 텍스트를 알맞게 수정하고 사각형 과 강조하고 싶은 키워드를 포인트 색으로 설정합니다. 예제에서는 피라미드 색상에 맞춰 설정했습니다.

예제처럼 피라미드 색상에 맞추고 싶으면 '스포이트' 기 능을 사용하면 되는 거 RG?

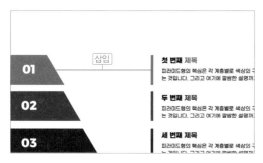

15 [삽입] - [도형] - [선] - [선]을 피라미드 도형 과 사각형 도형 사이에 `Shift` 를 누른 채 드래그하여 삽 입합니다.

16 선의 색상은 '주황색(#F05941)', 두께는 '1 pt', 대 시는 '파선'으로 설정합니다.

17 `Ctrl` + `Shift` 를 누른 채 선을 아래로 드래그하고 `F4` 를 두 번 눌러 각 계층 센터에 선을 배치합니다.

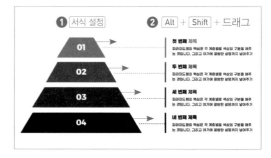

18 '스포이트'로 선의 색상을 설정하고 선의 왼쪽 꼭 짓점을 `Alt` + `Shift` 를 누른 채 오른쪽으로 드래그해 길 이를 조절하면 완성!

토네이도형
다이어그램

미리보기 완성파일 | P02\Ch04 계층형 다이어그램.pptx - 슬라이드 4

토네이도형 다이어그램은 역피라미드 구조로 어떤 단계를 오름차순으로 설명하거나 계층별로 연계되는 내용을 소개할 때 사용하기 좋습니다. 이번에는 기본 도형을 사용해 토네이도형 다이어그램을 만들어 보겠습니다.

01 [삽입] - [도형] - [사각형] - [사각형: 둥근 모서리]를 가로로 길게 삽입합니다.

🐸 모서리가 둥근 사각형의 노란색 꼭짓점을 드래그해 모서리의 둥근 정도를 조절할 수 있습니다.

02 도형의 색상을 '핑크색(#F36DA8)', '윤곽선 없음'으로 설정하고 'Montserrat ExtraBold, 20 pt'의 '흰색' 텍스트를 입력합니다.

03 Ctrl + Shift 를 누른 채 도형을 아래로 드래그한 후 F4 를 두 번 눌러 네 개의 도형을 동일한 간격으로 배치합니다.

04 도형의 너비를 각각 조절해 아래로 갈수록 좁아지는 역피라미드 모양을 만들어 줍니다.

🐸 [도형 서식] - [크기]에서 도형의 너비를 '10 cm', '8 cm', '6 cm', '4 cm'로 설정하면 그림과 같이 균일한 모양으로 조절할 수 있습니다.

05 도형을 전체 선택하고 [홈] - [정렬] - [맞춤] - [가운데 맞춤]을 클릭해 정렬합니다.

06 두 번째 도형은 '#B74B94', 세 번째 도형은 '#7D3693', 네 번째 도형은 '#3F238E'로 색상을 설정하고 도형 안에 텍스트를 각각 수정합니다.

07 [삽입] – [도형] – [기본 도형] – [평행 사변형]을 삽입하고 [도형 서식] – [크기]에서 너비는 '7 cm'로 설정합니다.

08 평행 사변형의 색상을 '#AFABAB', '윤곽선 없음'으로 설정합니다.

09 평행 사변형을 첫 번째 도형과 두 번째 도형 사이에 맞추어 배치합니다. 평행사변형의 노란색 꼭짓점을 드래그하면 기울기의 정도를 조절할 수 있습니다.

10 Ctrl + Shift 를 누른 채 도형을 아래로 드래그하고 F4 를 눌러 세 개의 평행 사변형을 동일한 간격으로 배치합니다.

11 [도형 서식] – [크기]에서 복사한 평행 사변형의 너비를 각각 '5 cm', '3 cm'로 설정합니다.

12 두 번째 평행 사변형의 색상은 '#595959', 세 번째 평행 사변형의 색상은 '#0D0D0D'로 설정합니다.

13 [삽입] – [도형] – [기본 도형] – [양쪽 대괄호]를 핑크색 도형과 같은 높이가 되도록 오른쪽에 삽입합니다.

14 양쪽 대괄호를 마우스 오른쪽 버튼으로 클릭 – [도형 서식]을 선택합니다. [채우기 및 선] – [선]에서 색상은 '핑크색(#F36DA8)', 너비는 '1.5 pt'로 설정합니다.

15 대괄호 도형에 'G마켓 산스 Medium, 11 pt'의 텍스트를 입력합니다.

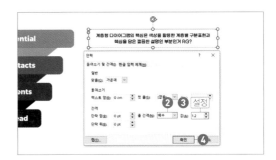

16 [홈] – [줄 간격] – [줄 간격 옵션]을 클릭하고 줄 간격은 '배수'로, 값은 '1.2'로 설정한 후 [확인]을 클릭합니다.

17 양쪽 대괄호를 선택하고 Ctrl + Shift 를 누른 채 아래로 드래그한 후 F4 를 두 번 눌러 동일한 간격으로 배치합니다.

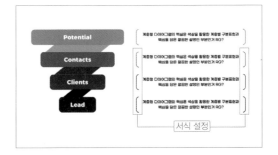

18 스포이트 기능을 활용해 복사한 양쪽 대괄호의 윤곽선 색상을 토네이도 도형 계층에 맞춰 설정합니다.

19 [삽입] – [도형] – [선] – [선]을 두 도형 사이에 Shift 를 누른 채 드래그하여 삽입한 후 선의 색상은 '#F36DA8', 두께는 '1 pt', 대시는 '파선'으로 설정합니다.

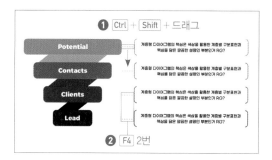

20 Ctrl + Shift 를 누른 채 점선을 아래로 드래그하고 F4 를 두 번 눌러 네 개의 점선을 동일한 간격으로 배치합니다.

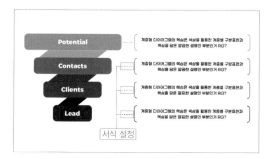

21 스포이트 기능을 활용해 복사한 점선의 색상을 토네이도 도형 계층에 맞춰 설정합니다.

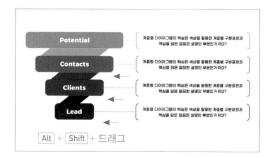

22 점선의 왼쪽 꼭짓점을 Alt + Shift 를 누른 채 왼쪽으로 드래그해 토네이도 도형과 이어주면 토네이도형 다이어그램 완성!

비교형
다이어그램 사냥

비교형 다이어그램은 어떤 대상의 공통점과 차이점을 명확하게 비교하고 싶을 때 사용하기 좋습니다. 어떻게 해야 차이점이 한눈에 보이는 비교형 다이어그램을 만들 수 있는지 함께 알아보시죠!

기본 비교형 다이어그램

미리보기   📁 완성파일 | P02\Ch05 비교형 다이어그램.pptx – 슬라이드 1

첫 번째 비교형 다이어그램은 찬성·반대 의견을 나타낼 때 사용하기 좋은 다이어그램입니다. 청중이 빠르게 찬성 측과 반대 측의 의견을 구분할 수 있도록 색상의 대비를 활용해 비교형 다이어그램을 만들어 보겠습니다.

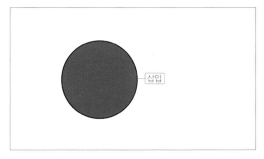

01 [삽입] – [도형] – [기본 도형] – [타원]을 `Shift`를 누른 채로 드래그하여 삽입합니다.

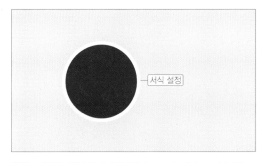

02 원의 색상은 '파란색(#0B4D9D)'으로 설정하고 윤곽선의 색상은 '흰색', 두께는 '6 pt'로 설정합니다.

03 'Montserrat ExtraBold, 24 pt'의 '흰색' 텍스트를 입력한 후 원 도형을 마우스 오른쪽 버튼으로 클릭 – [도형 서식]을 선택합니다.

04 [효과] – [그림자]에서 미리 설정을 '오프셋: 오른쪽 아래'로 선택하고 그림자의 투명도는 '70%', 크기는 '99%'로 설정합니다.

05 [삽입] – [도형] – [사각형] – [직사각형]을 삽입하고 색상을 '하늘색(#CEDBEB)', '윤곽선 없음'으로 설정합니다.

06 직사각형을 마우스 오른쪽 버튼으로 클릭 – [맨 뒤로 보내기]를 선택하고 원 도형과 가운데 정렬이 되게 배치합니다.

07 텍스트 상자를 삽입한 후 'G마켓 산스 Medium, 12 pt'의 설명 텍스트를 입력합니다.

08 설명 텍스트를 선택하고 [홈] – [줄 간격] – [줄 간격 옵션]을 클릭한 후 줄 간격은 '배수', 값은 '1.3'으로 설정합니다.

09 Ctrl + Shift 를 누른 채 설명 텍스트를 아래로 드래그하고 F4 를 두 번 눌러 줍니다.

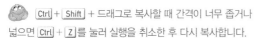 Ctrl + Shift + 드래그로 복사할 때 간격이 너무 좁거나 넓으면 Ctrl + Z 를 눌러 실행을 취소한 후 다시 복사합니다.

10 [삽입] – [도형] – [선] – [선]을 첫 번째 설명 텍스트 아래에 Shift 를 누른 채 드래그하여 삽입합니다. 선의 색상은 '파란색(#0B4D9D)', 두께는 '1 pt', 대시는 '파선'으로 설정합니다.

11 Ctrl + Shift 를 누른 채 선을 아래로 드래그하고 F4 를 눌러 줍니다.

12 설명 텍스트와 선을 전체 선택하고 [홈] – [정렬] – [맞춤] – [세로 간격을 동일하게]를 클릭합니다.

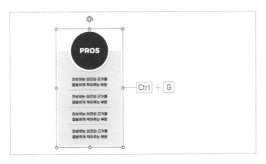

13 드래그하여 모든 개체를 전체 선택하고 Ctrl + G 를 눌러 그룹화합니다.

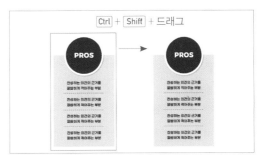

14 그룹 개체를 Ctrl + Shift 를 누른 채 오른쪽으로 드래그하여 복사합니다.

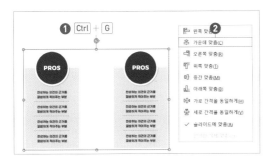

15 그룹 개체를 모두 선택하고 Ctrl + G 를 눌러 그룹화합니다. [홈] - [정렬] - [맞춤] - [가운데 맞춤]을 클릭해 그룹 개체를 슬라이드 정가운데에 배치합니다.

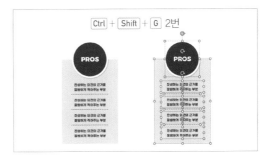

16 Ctrl + Shift + G 를 두 번 눌러 전체 그룹을 해제합니다.

17 오른쪽의 원 도형과 점선의 색상은 '빨간색(#E2 443D)', 사각형의 색상은 '연한 빨간색(#F9DAD8)'으로 설정하고 텍스트를 알맞게 수정합니다.

18 도형 사이에 텍스트 상자를 삽입하고 'Montserrat ExtraBold, 54 pt'로 'VS' 텍스트를 입력한 후 포인트 색상으로 설정하면 비교형 다이어그램 완성!

아이콘 비교형 다이어그램

미리보기 📁 완성파일 | P02\Ch05 비교형 다이어그램.pptx – 슬라이드 2

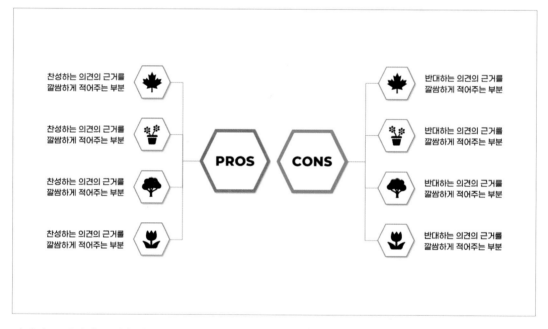

이번에는 메시지를 함축적으로 전달할 수 있는 아이콘 비교형 다이어그램을 만들어 보겠습니다. 어떤 대상의 특징을 비교하는 보고서를 만들 때 활용하기 좋은 다이어그램입니다.

01 [삽입] – [도형] – [기본 도형] – [육각형]을 Shift 를 누른 채 드래그하여 삽입하고 윤곽선의 두께를 '6 pt'로 설정합니다.

02 육각형의 색상은 '흰색', 윤곽선의 색상은 '주황색 (#FB6500)'으로 설정한 후 'Montserrat ExtraBold, 24 pt'로 텍스트를 입력합니다.

03 도형을 마우스 오른쪽 버튼으로 클릭 – [도형 서식]을 선택합니다. [효과] – [그림자]에서 미리 설정 을 '오프셋: 오른쪽 아래'로 선택합니다.

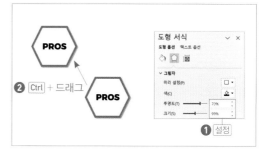

04 그림자의 투명도는 '70%', 크기는 '99%'로 설정 합니다. 육각형 도형을 Ctrl 을 누른 채 왼쪽 대각선 방 향으로 드래그하여 복사합니다.

05 복사한 도형의 흰색 대각선 꼭짓점을 Shift 를 누 른 채 드래그하여 크기를 줄여 줍니다. 복사한 도형 안 의 텍스트는 삭제해 주세요.

06 복사한 도형을 마우스 오른쪽 버튼으로 클릭 – [도형 서식]을 선택합니다. [채우기 및 선] – [선]에서 윤곽선의 너비를 '1.5 pt' 설정합니다.

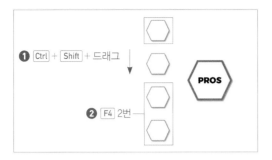

07 복사한 도형을 Ctrl + Shift 를 누른 채 아래로 드래그하고 F4 를 두 번 눌러 네 개의 육각형을 동일한 간격으로 배치합니다.

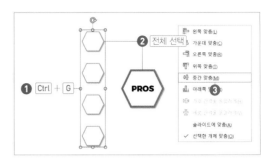

08 육각형 네 개를 전체 선택하고 Ctrl + G 를 눌러 그룹화합니다. 그룹 개체와 육각형을 전체 선택하고 [홈] – [정렬] – [맞춤] – [중간 맞춤]을 클릭합니다.

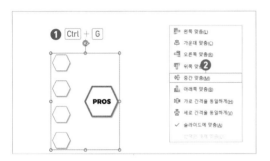

09 모든 개체를 선택해 Ctrl + G 를 눌러 그룹화하고 [홈] – [정렬] – [맞춤] – [중간 맞춤]을 선택해 그룹 개체를 슬라이드 정가운데에 배치합니다.

10 플래티콘(flaticon.com)에서 아이콘을 다운로드해 육각형 안에 삽입합니다. 육각형 왼쪽에는 텍스트 상자를 삽입한 후 'G마켓 산스 Medium, 14pt'의 설명을 입력하고 Ctrl + R 을 눌러 오른쪽으로 정렬합니다.

11 아이콘과 텍스트를 전체 선택하고 Ctrl + Shift 를 누른 채 아래로 드래그한 후 F4 를 두 번 눌러 줍니다.

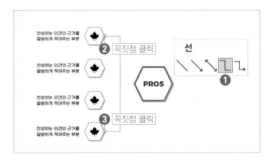

12 [삽입] – [도형] – [선] – [연결선: 꺾임]을 클릭하고 첫 번째 육각형의 오른쪽 꼭짓점과 네 번째 육각형의 오른쪽 꼭짓점을 각각 클릭해 꺾인 선을 삽입합니다.

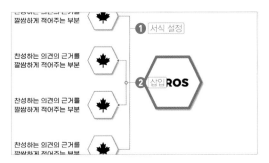

13 꺾인 연결선의 색상을 '회색', 두께를 '1½ pt (1.5 pt)'로 설정한 후 두 번째와 세 번째 육각형을 잇는 동일한 서식의 꺾인 연결선을 한 번 더 삽입합니다.

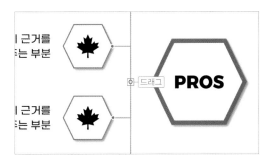

14 새로 삽입한 꺾인 연결선의 노란색 조절점을 드래그하여 12에서 만든 선과 겹치게 조절합니다.

🐸 노란색 조절점을 드래그할 때 Alt + Shift 를 누른 채 드래그하면 미세하게 조절할 수 있습니다.

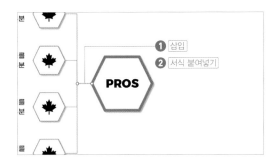

15 [삽입] – [도형] – [선] – [선]을 육각형과 꺾인 선 사이에 Shift 를 누른 채 드래그하여 삽입한 후 Ctrl + Shift + C , Ctrl + Shift + V 로 꺾인 연결선의 서식을 복사합니다.

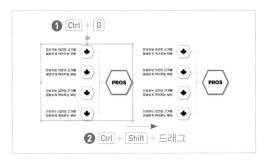

16 개체를 전체 선택하고 Ctrl + G 를 눌러 그룹화한 후 Ctrl + Shift 를 누른 채 오른쪽으로 드래그합니다.

17 오른쪽으로 복사한 그룹 개체가 선택된 상태에서 [홈] – [정렬] – [회전] – [좌우 대칭]을 선택한 후 Ctrl + Shift + G 를 눌러 그룹화를 해제합니다.

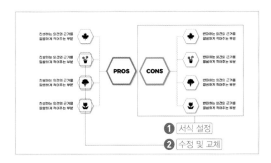

18 오른쪽 육각형의 윤곽선 색상을 '초록색(#019E 6B)'으로 설정하고 텍스트를 수정합니다. 왼쪽 오른쪽 각각의 아이콘을 교체하면 비교형 다이어그램 완성!

Lesson 5-3

차트 비교형 다이어그램

미리보기　　　　　📁 완성파일 | P02\Ch05 비교형 다이어그램.pptx – 슬라이드 3

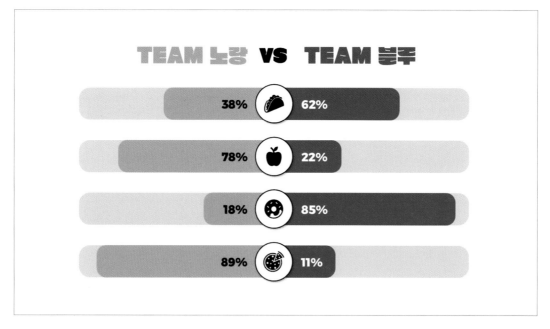

어떤 대상의 수치나 함량을 비교할 때 유용한 차트 비교형 다이어그램을 만들어 보겠습니다. 차트 비교형 다이어그램은 항목별 수치를 직관적으로 비교할 수 있어 편리합니다.

01 [삽입] – [도형] – [기본 도형] – [타원]을 Shift 를 누른 채 드래그하여 삽입하고 색상은 '흰색', 윤곽선 색상은 '검은색', 두께는 '1½ pt (1.5 pt)'로 설정합니다.

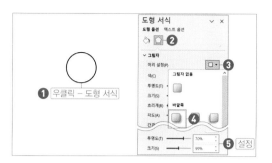

02 원 도형을 마우스 오른쪽 버튼으로 클릭 – [도형 서식]을 선택하고 [효과] – [그림자]에서 미리 설정을 '오프셋: 오른쪽 아래', 투명도는 '70%', 크기는 '99%'로 설정합니다.

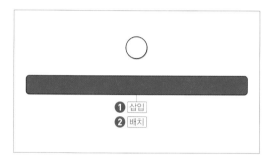

03 [삽입] – [도형] – [사각형] – [사각형: 둥근 모서리]를 원 도형 아래에 드래그하여 삽입합니다. 원 도형과 가운데 정렬하여 배치해 주세요.

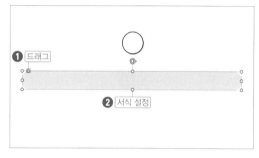

04 노란색 조절점을 안쪽으로 드래그해 모서리를 더 둥글게 만들고 도형의 색상을 '회색(#D9D9D9)', '윤곽선 없음'으로 설정합니다.

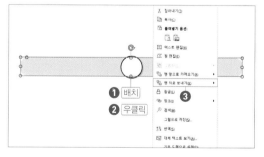

05 회색 도형을 원 위에 배치하고 마우스 오른쪽 버튼 클릭 – [맨 뒤로 보내기]를 선택합니다.

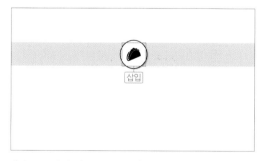

06 플래티콘(flaticon.com)에서 주제에 맞는 아이콘을 다운로드한 후 원 안에 삽입합니다.

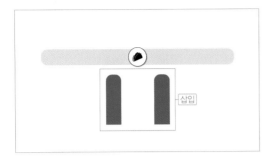

07 [삽입] – [도형] – [사각형] – [사각형: 둥근 위쪽 모서리] 두 개를 그림과 같이 나란히 삽입합니다.

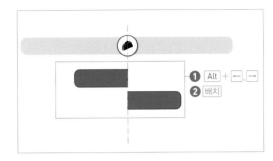

08 Alt 를 누른 채 ←, → 를 눌러 그림과 같이 도형을 각각 회전하고 도형의 평평한 부분을 원의 중심에 맞춰 배치합니다.

09 원 도형과 아이콘을 전체 선택한 후 마우스 오른쪽 버튼으로 클릭 – [맨 앞으로 가져오기]를 선택합니다.

10 도형의 색상을 각각 '노란색(#F1AF1A)', '파란색(#1E5AA6)' 그리고 '윤곽선 없음'으로 설정한 후 Shift 를 누른 채 위로 드래그해 회색 도형 위에 겹쳐 줍니다.

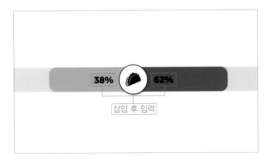

11 노란색과 파란색 도형 위에 텍스트 상자 두 개를 삽입한 후 'Montserrat ExtraBold, 20 pt'로 수치 텍스트를 입력합니다.

12 파란색 도형 위의 텍스트는 '흰색'으로 설정한 후 개체를 전체 선택하고 Ctrl + G 를 눌러 그룹화합니다.

13 그룹 개체를 `Ctrl` + `Shift` 를 누른 채 아래로 드래그하고 `F4` 를 두 번 눌러 동일한 간격으로 배치합니다.

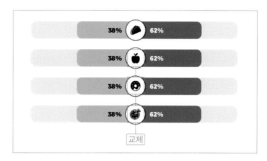

14 플래티콘(flaticon.com)에서 주제에 맞는 아이콘을 다운로드한 후 각각의 아이콘을 교체합니다.

아이콘을 교체하는 방법은 'Part 01 〉 Chapter 01 〉 Lesson 1-5 백 마디 말보다 아이콘 한 개가 낫다(p. 49)'에 자세히 나와 있는 부분인 거 RG?

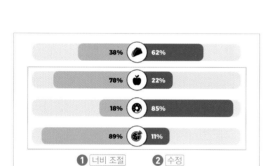

15 노란색과 파란색 도형의 너비를 조절하고 각각의 수치 텍스트를 수정합니다.

16 상단에 텍스트 상자를 삽입하고 '창원단감아삭 Bold, 36 pt'로 제목 텍스트를 입력한 후 색상을 설정하면 비교형 다이어그램 완성!

순환형
다이어그램 사냥

순환형 다이어그램은 보고서나 발표 자료에 자주 사용되는 다이어그램으로 주기적으로 되풀이되는 과정을 설명하거나 서로 관련 있는 주제를 나타낼 때 사용하기 좋습니다. 이번 챕터에서는 파워포인트의 기본 도형과 '스마트아트(SmartArt)' 기능을 활용해 총 세 가지의 순환형 다이어그램을 사냥해 보겠습니다.

삼각형 모양 순환형 다이어그램

미리보기　　　　　💼 완성파일 | P02\Ch06 순환형 다이어그램.pptx - 슬라이드 1

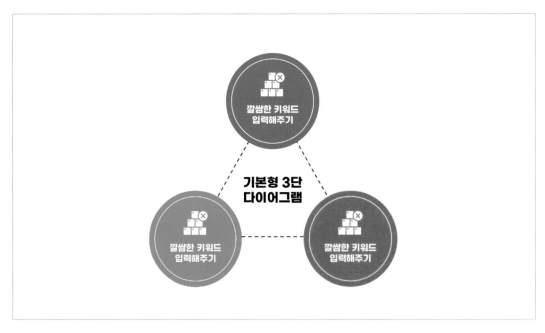

먼저 삼각형 모양의 순환형 다이어그램을 만들어 보겠습니다. 삼각형 모양의 순환형 다이어그램은 주제가 서로 연결되어 있는 것이 직관적으로 보이기 때문에 회사의 핵심 가치, 미션, 가치관 등을 나타낼 때 사용하기 좋습니다.

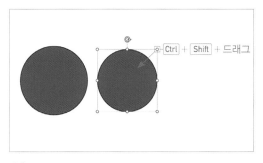

01 [삽입] – [도형] – [기본 도형] – [타원]을 Shift 를 누른 채 드래그하여 삽입한 후 Ctrl + Shift 를 누른 채 오른쪽으로 드래그해 원을 복사합니다.

02 오른쪽 원의 대각선 꼭짓점을 Ctrl + Shift 를 누른 채 대각선 안쪽으로 드래그해 비율을 유지하며 크기를 줄여 줍니다.

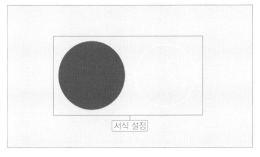

03 왼쪽 원의 색상은 '보라색(#746BB9)'과 '윤곽선 없음'으로 오른쪽 원의 색상은 '채우기 없음', 윤곽선 색상은 '흰색', 두께는 '1 pt'로 설정합니다.

04 왼쪽 원과 오른쪽 원을 전체 선택하고 [홈] – [정렬] – [맞춤] – [가운데 맞춤], [중간 맞춤]을 클릭합니다.

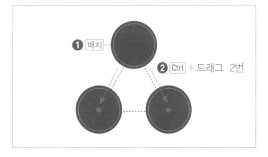

05 [삽입] – [도형] – [기본 도형] – [이등변 삼각형]을 Shift 를 누른 채 드래그하여 삽입한 후 색상은 '채우기 없음', 윤곽선의 두께는 '1½ pt (1.5 pt)', 대시는 '파선'으로 설정합니다.

06 삼각형 맨 위 꼭짓점에 원을 배치한 후 Ctrl 을 누른 채 아래로 두 번 드래그하여 나머지 꼭짓점에도 원을 배치합니다.

🐸 삼각형의 꼭짓점을 원의 중심에 맞춰 배치하는 게 포인트인 부분인 거 RG?

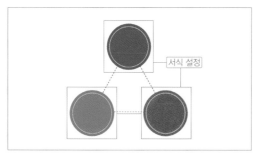

07 아래쪽에 위치한 원 도형의 색상을 '하늘색(#099 AD6)'과 '핑크색(#FE5179)'으로 설정합니다.

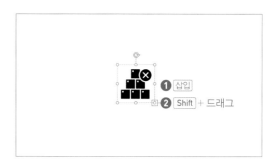

08 플래티콘(flaticon.com)에서 주제에 어울리는 검은색 아이콘을 다운로드해 삽입한 후 Shift 를 누른 채 대각선 꼭짓점을 드래그하여 크기를 적절히 조절합니다.

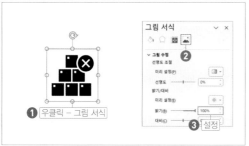

09 아이콘을 마우스 오른쪽 버튼으로 클릭 – [그림 서식]을 선택합니다. [그림] – [그림 수정]에서 밝기를 '100%'로 설정합니다.

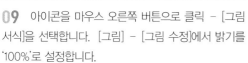
밝기를 '100%'로 설정하면 흰색으로 변경됩니다.

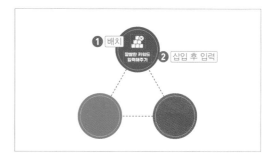

10 아이콘을 원 위에 배치하고 아이콘 아래에 텍스트 상자를 삽입해 'G마켓 산스 Bold, 14 pt'의 '흰색' 키워드를 입력합니다.

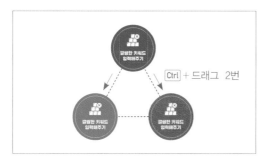

11 보라색 원의 아이콘과 텍스트를 Ctrl 을 누른 채 아래로 두 번 드래그하여 나머지 원 도형에 복사해 줍니다.

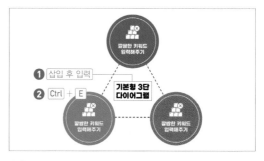

12 삼각형 정가운데에 텍스트 상자를 삽입해 'G마켓 산스 Bold, 20 pt'로 주제 텍스트를 입력한 후 Ctrl + E 를 눌러 가운데로 정렬하면 순환형 다이어그램 완성!

Lesson 6-2

동글동글 순환형 다이어그램

미리보기 　　　📁 완성파일 | P02\Ch06 순환형 다이어그램.pptx – 슬라이드 2

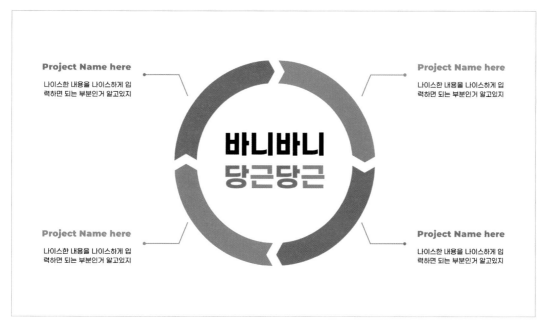

동그란 모양의 순환형 다이어그램을 만들어 볼까요? 각 섹션별로 구역을 나눠 놓았기 때문에 복잡한 메시지를 간결하게 표현할 수 있고, 주제의 흐름을 쉽게 이해할 수 있습니다.

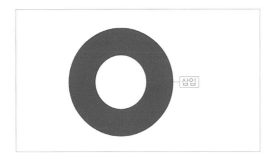

01 [삽입] - [도형] - [기본 도형] - [원형: 비어 있음]을 Shift 를 누른 채 드래그하여 삽입합니다.

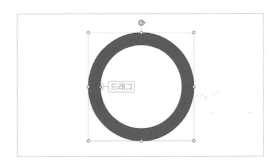

02 노란색 조절점을 바깥쪽으로 드래그해 너무 굵지도, 너무 얇지도 않은 정도로 원의 굵기를 조절합니다.

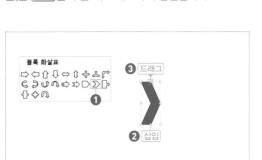

03 [삽입] - [도형] - [블록 화살표] - [화살표: 갈매기형 수장] 도형을 삽입한 후 꼭짓점과 노란색 조절점을 드래그해 크기와 비율을 그림과 같이 조절합니다.

🔵 화살표의 끝이 너무 뾰족하지 않게 방향성만 나타낼 정도로 조절하는 것이 좋습니다.

04 화살표를 그림과 같이 도넛 모양 도형 위에 배치합니다. 개체를 전체 선택하고 [정렬] - [맞춤] - [가운데 맞춤]을 선택합니다.

🔵 예제에시는 화살표 도형이 잘 보이도록 색상을 빨간색으로 변경한 거 RG?

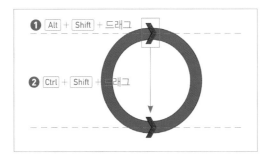

05 화살표 도형을 Alt + Shift 를 누른 채 드래그해 도넛 모양 도형의 세로 센터에 맞춰 배치하고 화살표 도형을 Ctrl + Shift 를 누른 채 아래로 드래그해 복사합니다.

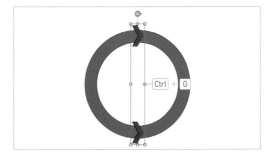

06 화살표 도형을 전체 선택하고 Ctrl + G 를 눌러 그룹화합니다.

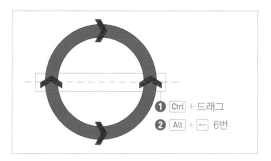

07 그룹 개체를 Ctrl 을 누른 채 드래그하여 복사하고 Alt 를 누른 채 ← 를 여섯 번 눌러 회전한 후 그림과 같이 배치합니다.

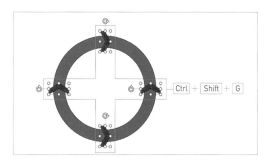

08 그룹 개체를 전체 선택하고 Ctrl + Shift + G 를 눌러 그룹을 해제합니다.

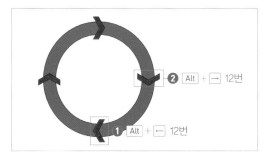

09 오른쪽 화살표와 아래 화살표를 Alt 를 누른 채 ← , → 를 열두 번씩 눌러 시계 방향이 되도록 변경합니다.

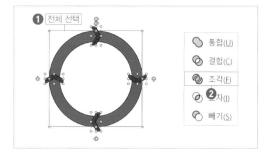

10 도형을 전체 선택하고 [도형 서식] – [도형 병합] – [조각]을 선택합니다.

도형 병합 기능은 두 개 이상의 개체(도형, 텍스트, 사진, 동영상 등)를 선택했을 때 활성화되는 기능으로 개체를 변형하는 기능입니다.

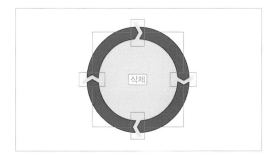

11 그림에서 하늘색으로 표시된 부분을 선택해 Delete 를 눌러 삭제합니다.

12 도형의 색상을 '주황색(#FA6500)', '초록색(#009 E6D)'과 '윤곽선 없음'으로 설정합니다.

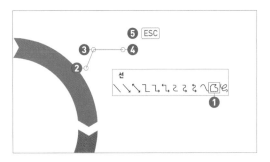

13 [삽입] – [도형] – [선] – [자유형: 도형]을 세 번 클릭하고 Esc 를 눌러 삽입합니다.

'자유형: 도형'은 클릭할 때마다 선이 꺾이기 때문에 직선 부분에서 Shift 를 누른 채 드래그한 후 클릭합니다.

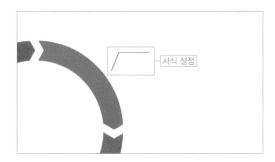

14 선의 윤곽선 색상을 '초록색(#009E6D)', 두께를 '1½ pt (1.5 pt)'로 설정합니다.

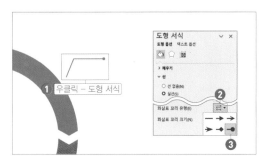

15 선을 마우스 오른쪽 버튼으로 클릭 – [도형 서식]을 선택하고 [채우기 및 선] – [선]에서 화살표 꼬리 유형을 '타원 화살표'로 설정합니다.

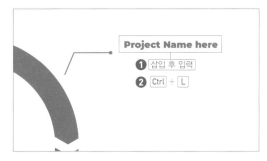

16 텍스트 상자를 삽입하고 'Montserrat Black, 16 pt', '초록색(#009E6D)'의 제목 텍스트를 입력한 후 Ctrl + L 을 눌러 왼쪽으로 정렬합니다.

'Montserrat Black' 폰트는 영어나 숫자 전용 폰트이므로 한글을 입력할 경우 'G마켓 산스 Bold' 폰트를 사용하세요.

17 텍스트 상자를 삽입하고 'G마켓 산스 Medium, 12 pt'의 설명 텍스트를 입력한 후 Ctrl + L 을 눌러 왼쪽으로 정렬합니다.

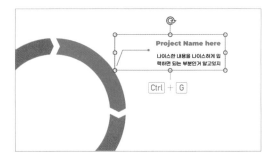

18 꺾인 선과 텍스트를 전체 선택하고 Ctrl + G 를 눌러 그룹화합니다.

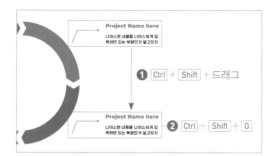

19 그룹 개체를 Ctrl + Shift 를 누른 채 아래로 드래그해 복사하고 Ctrl + Shift + G 를 눌러 그룹을 해제합니다.

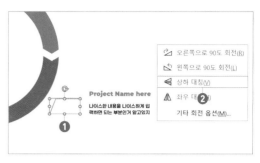

20 복사한 꺾인 선을 선택하고 [홈] – [정렬] – [회전] – [상하 대칭]을 선택합니다.

21 꺾인 선의 위치를 텍스트 사이에 배치하고 꺾인 선과 제목 텍스트의 색상을 '주황색(#FA6500)'으로 설정합니다.

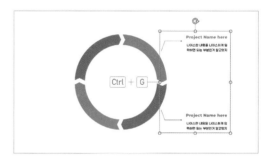

22 오른쪽의 개체를 전체 선택한 후 Ctrl + G 를 눌러 그룹화합니다.

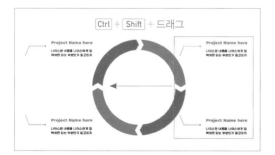

23 그룹 개체를 Ctrl + Shift 를 누른 채 왼쪽으로 드래그해 복사합니다.

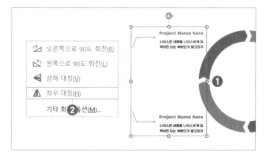

24 복사한 그룹 개체를 선택하고 [홈] – [정렬] – [회전] – [좌우 대칭]을 선택합니다.

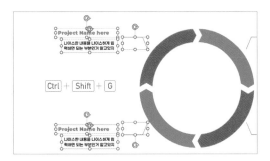

25 Ctrl + Shift + G 를 눌러 왼쪽 그룹 개체의 그룹
을 해제합니다.

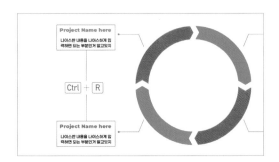

26 왼쪽에 있는 네 개의 텍스트를 선택하고 Ctrl +
R 을 눌러 오른쪽으로 정렬합니다.

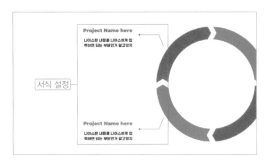

27 꺾인 선과 제목 텍스트의 색상을 도넛 모양 조각
에 맞춰 설정합니다.

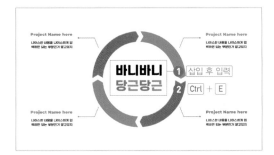

28 도넛 모양 도형 가운데에 텍스트 상자를 삽입해
'G마켓 산스 Bold, 48 pt'로 주제 텍스트를 입력한 후
Ctrl + E 를 눌러 가운데로 정렬하고 포인트 색으로
설정하면 완성!

도넛 모양 순환형 다이어그램

미리보기　　　📁 완성파일 | P02\Ch06 순환형 다이어그램.pptx - 슬라이드 3

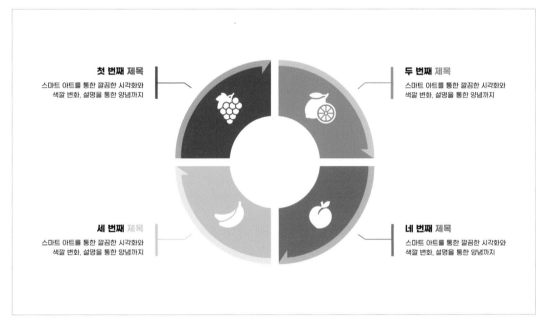

이번에는 '스마트아트(SmartArt)' 기능과 아이콘을 활용해 조금 더 직관적이고 깔끔한 디자인의 도넛 모양 순환형 다이어그램을 만들어 보겠습니다.

01 [삽입] - [SmartArt]를 클릭한 후 [SmartArt 그래픽 선택] 대화상자에서 [주기형] - [세그먼트 주기형]을 선택하고 [확인]을 클릭합니다.

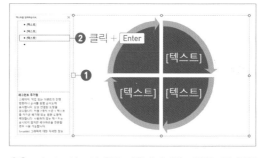

02 스마트아트의 왼쪽 가운데에 있는 화살표를 클릭합니다. 왼쪽의 텍스트 입력창을 클릭한 후 Enter 를 눌러 네 개의 세그먼트 주기형이 되도록 만들어 줍니다.

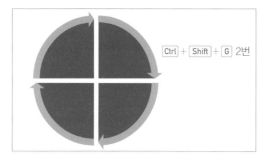

03 Ctrl + Shift + G 를 두 번 눌러 스마트아트의 그룹을 해제합니다.

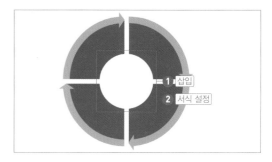

04 [삽입] - [도형] - [기본 도형] - [타원]을 Shift 를 누른 채 드래그하여 그림과 같이 정가운데에 삽입하고 색상을 '흰색', '윤곽선 없음'으로 설정합니다.

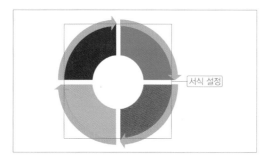

05 왼쪽 도형부터 시계 방향으로 '보라색(#504796)', '하늘색(#089AD6)', '핑크색(#FD5179)', '노란색(#F9C031)'으로 설정합니다.

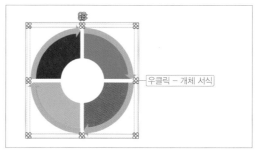

06 테두리에 있는 화살표를 전체 선택하고 마우스 오른쪽 버튼으로 클릭 - [개체 서식]을 선택합니다.

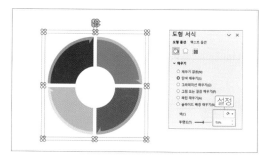

07 [채우기 및 선] - [채우기]에서 색상은 '흰색', 투명도는 '50%'로 설정합니다.

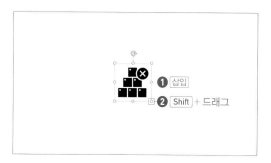

08 플래티콘(flaticon.com)에서 검은색 아이콘을 다운로드해 삽입한 후 **Shift**를 누른 채 대각선 꼭짓점을 드래그하여 크기를 적절히 조절합니다.

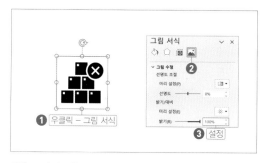

09 아이콘을 마우스 오른쪽 버튼으로 클릭 - [그림 서식]을 선택합니다. [그림] - [그림 수정]에서 밝기를 '100%'로 설정합니다.

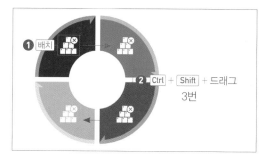

10 스마트아트 도형 위에 아이콘을 배치한 후 **Ctrl** + **Shift**를 누른 채 세 번 드래그하여 그림과 같이 한 개씩 배치해 줍니다.

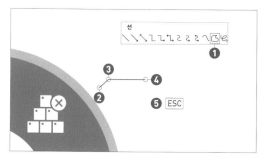

11 [삽입] - [도형] - [선] - [자유형: 도형]을 세 번 클릭하여 그림과 같이 모양을 만들고 **Esc**를 눌러 꺾은 선을 삽입합니다.

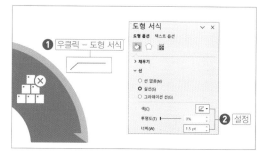

12 꺾인 선을 마우스 오른쪽 버튼으로 클릭 - [도형 서식]을 선택합니다. [채우기 및 선] - [선]에서 색상은 '하늘색(#089AD6)', 너비는 '1.5 pt'로 설정합니다.

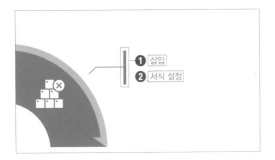

13 꺾인 선이 끝나는 부분에 [삽입] - [도형] - [사각형] - [직사각형]을 삽입하고 색상을 '하늘색(#089AD6)', '윤곽선 없음'으로 설정합니다.

14 텍스트 상자 두 개를 삽입하고 제목(G마켓 산스 Bold, 16 pt)과 설명(G마켓 산스 Medium, 12 pt) 텍스트를 입력한 후 Ctrl + L을 눌러 왼쪽으로 정렬합니다.

15 설명 텍스트를 선택해 [홈] - [줄 간격] - [줄 간격 옵션]을 클릭하고 줄 간격은 '배수', 값은 '1.2'로 설정한 후 [확인]을 클릭합니다.

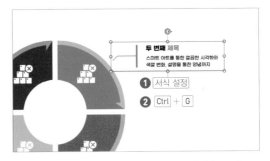

16 강조할 키워드는 포인트 색으로 설정하고 텍스트와, 꺾인 선, 사각형을 전체 선택한 후 Ctrl + G를 눌러 그룹화합니다.

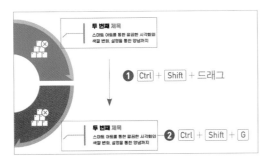

17 그룹 개체를 Ctrl + Shift를 누른 채 아래로 드래그하여 복사한 후 Ctrl + Shift + G를 눌러 그룹을 해제합니다.

18 꺾인 선을 선택해 [홈] - [정렬] - [회전] - [상하 대칭]을 선택합니다.

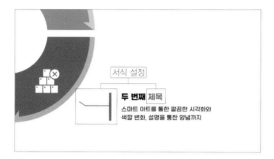

19 아래쪽의 꺾인 선, 사각형, 텍스트의 색상을 스포이트 기능을 이용해 '핑크색(#FD5179)'으로 설정합니다.

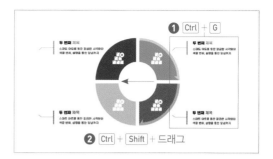

20 오른쪽의 개체를 전체 선택한 후 Ctrl + G 를 눌러 그룹화하고 Ctrl + Shift 를 누른 채 왼쪽으로 드래그하여 복사합니다.

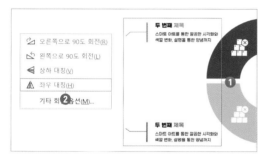

21 왼쪽의 그룹 개체를 선택하고 [홈] - [정렬] - [회전] - [좌우 대칭]을 클릭합니다.

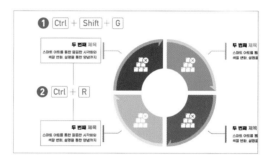

22 Ctrl + Shift + G 를 눌러 왼쪽 그룹 개체의 그룹을 해제하고 네 개의 텍스트 상자를 선택한 후 Ctrl + R 을 눌러 오른쪽으로 정렬합니다.

23 왼쪽의 꺾인 선, 사각형, 텍스트의 색상을 스포이트 기능을 이용해 '노란색(#F9C031)', '보라색(#504796)'으로 설정합니다

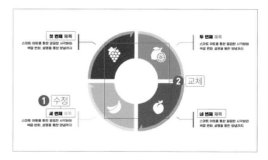

24 텍스트를 수정하고 플래티콘(flaticon.com)에서 주제에 어울리는 아이콘을 다운로드해 교체하면 순환형 다이어그램 완성!

인포그래픽
다이어그램 사냥

인포그래픽은 디자인 요소를 활용해 복잡한 정보를 시각적인 이미지로 나타낸 것입니다. 피피티에서 표나 차트를 인포그래픽으로 대체하면 깔끔하고 보기 좋은 시각 자료를 만들 수 있습니다. 이번 챕터에서는 실무에서 유용하게 활용할 수 있는 세 가지 인포그래픽 다이어그램을 만들어 보겠습니다.

평점 인포그래픽 다이어그램

미리보기　　　　　　📁 완성파일 | P02\Ch07 인포그래픽 다이어그램.pptx – 슬라이드 1

Random Skills

첫 번째 능력 ★★★★★★★★★★

두 번째 능력 ★★★★★★☆☆☆☆

세 번째 능력 ★★★★★★★★★★

네 번째 능력 ★★★★☆☆☆☆☆☆

Random Skills

첫 번째 능력 ★★★★☆☆☆☆☆☆

두 번째 능력 ★★★★★★★★★☆

세 번째 능력 ★★★☆☆☆☆☆☆☆

네 번째 능력 ★★★★★★★★★★

먼저 별 도형을 활용해 평점 인포그래픽 다이어그램을 만들어 보겠습니다. 어떤 대상의 역량을 나타내거나 평가 자료를 만들 때 사용하기 좋은 다이어그램입니다.

01 [삽입] - [도형] - [별 및 현수막] - [별: 꼭짓점 5개]를 Shift 를 누른 채 드래그하여 삽입합니다.

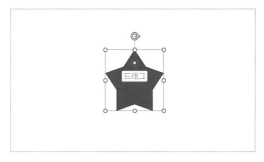

02 별 도형의 노란색 조절점을 바깥쪽으로 드래그해 그림과 같은 모양으로 만들어 줍니다.

03 별 도형의 색상은 '회색(#E7E6E6)', 윤곽선의 색상은 '윤곽선 없음'으로 설정합니다.

04 Ctrl + Shift 를 누른 채 별 도형을 오른쪽으로 드래그해 복사하고 F4 를 여덟 번 눌러 총 열 개의 별 도형을 만들어 줍니다.

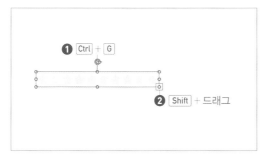

05 별 도형을 전체 선택하고 Ctrl + G 를 눌러 그룹화한 후 Shift 를 누른 채 대각선 꼭짓점을 안쪽으로 드래그해 크기를 작게 조절합니다.

06 그룹 개체 왼쪽에 텍스트 상자를 삽입하고 'G마켓 산스 Medium, 14 pt'로 항목 텍스트를 입력합니다.

07 텍스트 상자와 그룹 개체를 전체 선택해 `Ctrl` + `Shift` 를 누른 채 아래로 드래그하고 `F4` 를 두 번 눌러 복사한 후 텍스트를 각각 수정합니다.

08 상단에 텍스트 상자를 삽입하고 'G마켓 산스 Bold, 20 pt'로 제목 텍스트를 입력하고 색상은 '핑크색(#E11383)'으로 설정합니다.

09 제목 텍스트와 하위 항목을 구분하기 위해 [삽입] – [도형] – [선] – [선]을 `Shift` 를 누른 채 드래그하여 삽입합니다.

10 선의 색상은 '회색(#3A3A3A)', 두께는 '¾ pt (0.75 pt)', 대시는 '파선'으로 설정합니다.

11 지금까지 만든 개체를 전체 선택하고 `Ctrl` + `Shift` 를 누른 채 오른쪽으로 드래그하여 복사한 후 복사한 제목 텍스트를 '주황색(#F5821F)'으로 설정합니다.

12 '핑크색(#E11383)'과 '주황색(#F5821F)'으로 별 도형의 색상을 각각 설정하면 완성!

별 도형 하나만 색상을 설정하고 나머지는 `F4` 로 반복 작업하면 색상을 빠르게 바꿀 수 있습니다.

설문조사 인포그래픽 다이어그램 (1)

미리보기　　　　　　　　　　　■ 완성파일 | P02\Ch07 인포그래픽 다이어그램.pptx - 슬라이드 2

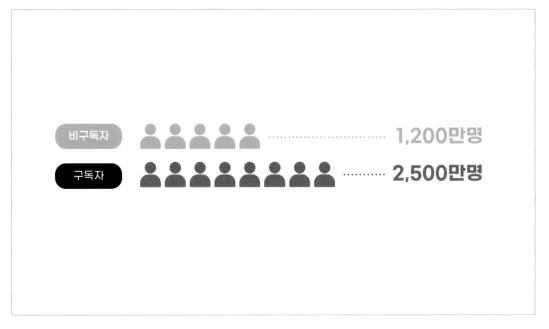

이번에는 사람 모양의 픽토그램을 넣은 인포그래픽 다이어그램을 만들어 보겠습니다. 설문조사의 결과를 보고할 때나 수치 현황을 비교하는 보고서를 만들 때 사용하기 좋은 다이어그램입니다.

01 플래티콘(flaticon.com) 검색창에 'person'을 입력하고 화면 왼쪽의 [Filters]에서 [Colors]는 'Black', [Shape]는 'Fill'을 선택합니다.

02 마음에 드는 아이콘을 클릭하고 화면 오른쪽 상단의 [Edit icon]을 클릭합니다.

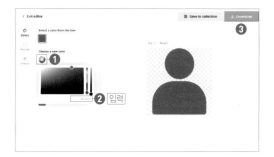

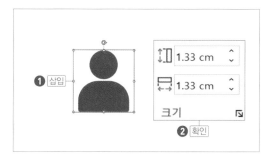

03 [Choose a new color]의 무지개 팔레트를 클릭하고 아래쪽에 '#FF487F'를 입력한 후 오른쪽 상단의 [Download]를 클릭해 아이콘을 다운로드합니다.

04 다운로드한 아이콘을 슬라이드에 삽입하고 [그림 서식] – [크기]에서 높이와 너비를 확인합니다.

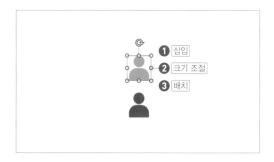

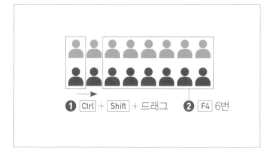

05 **01**~**03**과 같은 방법으로 색상을 '회색(#B1B2B6)'으로 바꾼 아이콘을 다운로드해 삽입한 후 [그림 서식] – [크기]에서 **04**와 동일한 크기로 조절하고 위아래로 나란히 배치합니다.

06 핑크색과 회색 아이콘을 전체 선택하고 Ctrl + Shift 를 누른 채 오른쪽으로 드래그한 후 F4 를 여섯 번 눌러 줍니다.

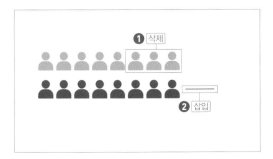

07 필요 없는 아이콘은 Delete 를 눌러 삭제하고 핑크색 아이콘 오른쪽에 [삽입] - [도형] - [선] - [선]을 Shift 를 누른 채 드래그하여 삽입합니다.

08 선을 마우스 오른쪽 버튼으로 클릭 - [도형 서식]을 선택하고 [채우기 및 선] - [선]에서 선의 색상은 '핑크색(#FF487F)', 너비는 '3 pt', 대시 종류는 '둥근 점선', 끝 모양 종류를 '원형'으로 설정합니다.

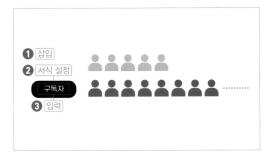

09 핑크색 아이콘 왼쪽에 [삽입] - [도형] - [사각형] - [사각형: 둥근 모서리]를 삽입하고 색상을 '검은색', '윤곽선 없음'으로 설정한 후 'G마켓 산스 Medium, 16 pt'의 '흰색' 텍스트를 입력합니다.

10 핑크색 점선 오른쪽에 텍스트 상자를 삽입하고 'G마켓 산스 Bold, 28 pt'의 '핑크색(#FF487F)' 텍스트를 입력합니다.

11 07~10에서 만든 점선, 도형, 텍스트를 전체 선택하고 Ctrl + Shift 를 누른 채 위로 드래그하여 복사합니다. 색상을 '회색(#B1B2B6)'으로 설정하고 텍스트를 알맞게 수정해 주세요.

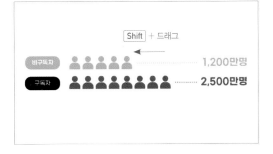

12 회색 점선의 왼쪽 꼭짓점을 Shift 를 누른 채 왼쪽으로 드래그하여 회색 아이콘과 인접하게 늘리면 완성!

🐸 핑크색 아이콘과 핑크색 점선이 떨어진 간격과 동일하게 회색 점선을 늘려 주세요.

설문조사 인포그래픽 다이어그램 (2)

미리보기

📁 완성파일 | P02\Ch07 인포그래픽 다이어그램.pptx – 슬라이드 3

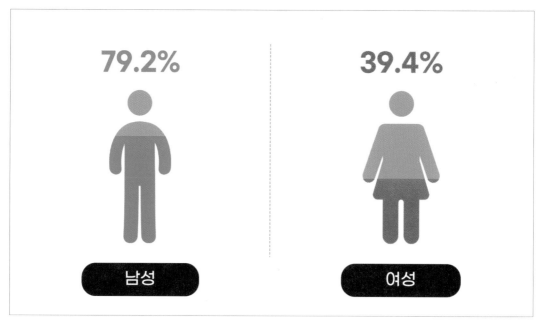

이번에는 사람 모양의 인포그래픽 다이어그램을 만들어 보겠습니다. 사람 모양의 인포그래픽은 파워포인트의 '자르기' 기능을 활용해 간단하게 만들 수 있습니다.

01 플래티콘(flaticon.com) 검색창에 'man'을 입력하고 화면 왼쪽의 [Filters]에서 [Colors]는 'Black', [Shape]는 'Fill'을 선택합니다.

02 마음에 드는 아이콘을 클릭하고 화면 오른쪽 상단의 [Edit icon]을 클릭합니다.

03 [Choose a new color]의 무지개 팔레트를 클릭하고 아래쪽에 '#1FA0FF'를 입력한 후 오른쪽 상단의 [Download]를 클릭해 아이콘을 다운로드합니다.

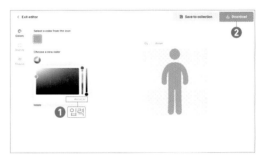

04 이번에는 '#ACACAC'를 입력한 후 오른쪽 상단의 [Download]를 클릭해 아이콘을 다운로드합니다.

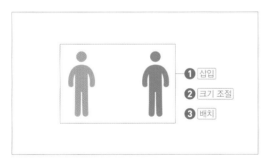

05 다운로드한 두 개의 아이콘을 피피티에 삽입하고 동일한 크기로 조절한 후 나란히 배치합니다.

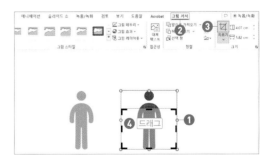

06 파란색 아이콘을 선택하고 [그림 서식] – [자르기]를 선택한 후 위쪽 가운데 검은색 바를 아래로 드래그해 아이콘을 잘라 줍니다.

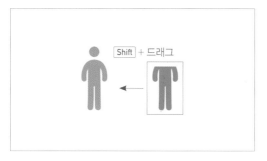

07 파란색 아이콘을 Shift 를 누른 채 왼쪽으로 드래그하여 회색 아이콘과 겹쳐 줍니다.

아이콘을 겹칠 때 회색 아이콘이 위로 오면 마우스 오른쪽 버튼 클릭 – [맨 뒤로 보내기]를 실행합니다.

08 아이콘 아래에 [삽입] – [도형] – [사각형] – [사각형: 둥근 모서리]를 삽입하고 색상을 '검은색(#3B3838)', '윤곽선 없음'으로 설정합니다.

09 도형에 'G마켓 산스 Medium, 18 pt'의 '흰색' 텍스트를 입력합니다.

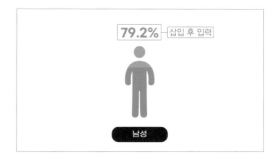

10 아이콘 상단에 텍스트 상자를 삽입하고 'G마켓 산스 Bold, 28 pt'이 '파란색(#1FA0FF)' 텍스트를 입력합니다.

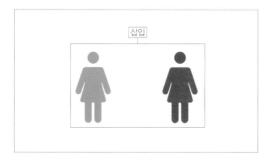

11 01~04와 같은 방법으로 플래티콘(flaticon.com)에서 '핑크색(#FF487F)'과 '회색(#ACACAC)'의 아이콘을 다운로드해 피피티에 삽입합니다.

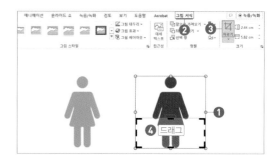

12 핑크색 아이콘을 선택하고 [그림 서식] – [자르기]를 선택한 후 위쪽 가운데 검은색 바를 아래로 드래그해 아이콘을 잘라 줍니다.

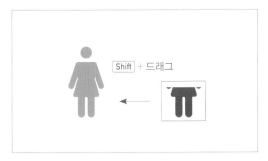

13 핑크색 아이콘을 [Shift]를 누른 채 왼쪽으로 드래그하여 회색 아이콘과 겹쳐 줍니다.

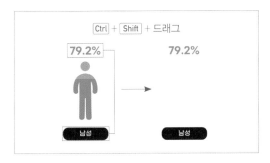

14 08~10에서 만든 도형과 텍스트를 [Ctrl] + [Shift]를 누른 채 오른쪽으로 드래그해 복사합니다.

15 13에서 편집한 아이콘을 왼쪽 아이콘과 동일한 크기로 배치하고 위아래 텍스트의 내용과 색상을 알맞게 수정합니다.

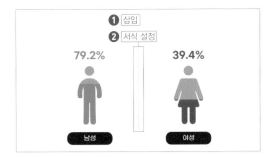

16 아이콘 사이에 [삽입] − [도형] − [선] − [선]을 [Shift]를 누른 채 드래그하여 삽입한 후 선의 색상은 '회색', 두께는 '1 pt', 대시는 '파선'으로 설정하면 완성!

수치 강조형
다이어그램 사냥

이번 챕터에서는 보고서나 발표 자료에 숫자 데이터가 많을 때
사용하기 좋은 수치 강조형 다이어그램을 사냥해 보겠습니다.
중요한 수치만 임팩트 있게 강조하여 가독성을 높여 주는 세
가지 수치 강조형 다이어그램을 함께 만들어 보시죠!

비교 수치 강조형 다이어그램

미리보기   🗂 완성파일 | P02\Ch08 수치 강조형 다이어그램.pptx – 슬라이드 1

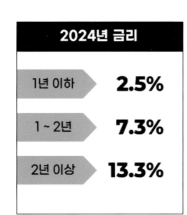

먼저 대비되는 색상을 활용해 데이터를 항목별로 깔끔하게 나타내는 비교 수치 강조형 다이어그램을 만들어 보겠습니다.

01 [삽입] – [도형] – [사각형] – [직사각형]을 삽입하고 도형과 윤곽선의 색상은 '검은색', 윤곽선의 두께는 '1 pt'로 설정합니다.

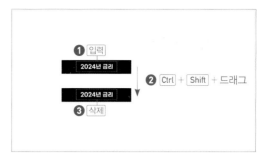

02 직사각형에 'G마켓 산스 Bold, 16 pt'의 '흰색' 텍스트를 입력한 후 Ctrl + Shift 를 누른 채 도형을 아래로 드래그하고 복사한 도형의 텍스트를 삭제합니다.

03 복사한 도형의 색상을 '색 채우기 없음'으로 설정하고 위아래의 꼭짓점을 드래그해 그림과 같은 크기로 조절합니다.

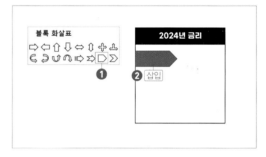

04 [삽입] – [도형] – [블록 화살표] – [화살표: 오각형]을 **03**에서 만든 도형의 왼쪽 테두리에 맞춰 그림과 같이 삽입합니다.

오각형 화살표 도형의 노란색 조절점을 드래그해 뾰족함의 정도를 조절할 수 있습니다.

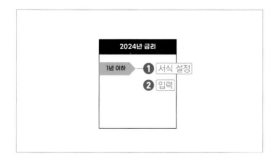

05 도형의 색상은 '민트색(#2CE5E2)', '윤곽선 없음'으로 설정하고 'G마켓 산스 Medium, 14 pt'의 텍스트를 입력합니다.

06 도형의 오른쪽에 텍스트 상자를 삽입하고 'Mont serrat ExtraBold, 25 pt'의 수치 텍스트를 입력한 후 Ctrl + R 을 눌러 오른쪽으로 정렬합니다.

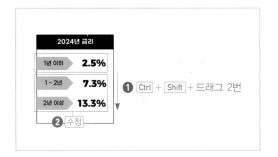

07 오각형 화살표 도형과 텍스트를 전체 선택하고 Ctrl + Shift 를 누른 채 아래로 두 번 드래그하여 복사한 후 텍스트를 알맞게 수정합니다.

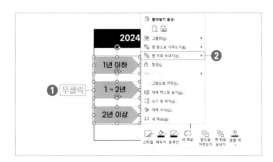

08 오각형 화살표 도형을 전체 선택하고 마우스 오른쪽 버튼으로 클릭 – [맨 뒤로 보내기]를 선택합니다.

09 **01~08**까지 만든 모든 개체를 전체 선택하고 Ctrl + G 를 눌러 그룹화한 후 Ctrl + Shift 를 누른 채 오른쪽으로 드래그해 복사합니다.

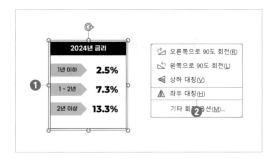

10 오른쪽의 그룹 개체를 선택하고 [홈] – [정렬] – [회전] – [좌우 대칭]을 클릭합니다.

11 전체 그룹 개체를 선택해 Ctrl + Shift + G 를 눌러 그룹을 해제합니다. 숫자 텍스트를 수정한 후 Ctrl + L 을 눌러 왼쪽으로 정렬하고 직사각형 안의 제목 텍스트를 수정합니다.

12 오른쪽 오각형 화살표 도형을 전체 선택하고 색상을 '핑크색(#F52A50)', 텍스트의 색상을 '흰색'으로 설정하면 비교 수치 강조형 다이어그램 완성!

차트 수치 강조형 다이어그램

미리보기 　　　　　　　　　　　 📁 완성파일 | P02\Ch08 수치 강조형 다이어그램.pptx – 슬라이드 2

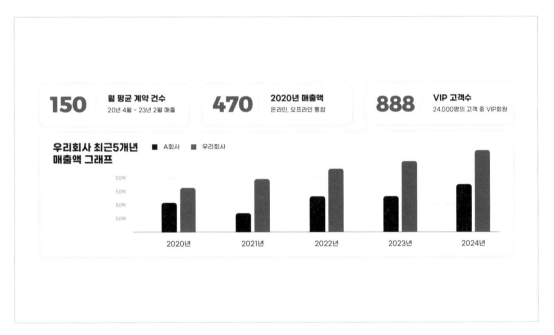

차트와 함께 활용하기 좋은 수치 강조형 다이어그램을 만들어 보겠습니다. 예제에서는 차트를 넣었지만 차트 대신 표를 넣어 사용해도 좋습니다.

01 [삽입] – [도형] – [사각형] – [사각형: 둥근 모서리]를 삽입하고 색상은 '색 채우기 없음', 윤곽선 색상은 '연한 회색(#D6D7DA)', 두께는 '1 pt'로 설정합니다.

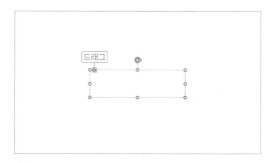

02 노란색 조절점을 안쪽으로 드래그해 모서리를 조금 더 둥글게 만들어 줍니다.

03 도형 왼쪽에 텍스트 상자를 삽입하고 'Montserrat ExtraBold, 40 pt', '파란색(#4659E2)'의 숫자 텍스트를 입력합니다.

🐸 텍스트 왼쪽 부분의 여백과 위아래 부분의 여백이 같을수록 정렬되어 보입니다.

04 텍스트 오른쪽에 [삽입] – [도형] – [선] – [선]을 Shift 를 누른 채 드래그하여 삽입하고 색상은 '연한 파란색(#BDC4F5)', 두께는 '1 pt', 대시는 '파선'으로 설정합니다.

05 도형 오른쪽에 텍스트 상자 두 개를 삽입하고 제목(G마켓 산스 Bold, 14 pt)과 설명(G마켓 산스 Medium, 10.5 pt) 텍스트를 왼쪽에 있는 숫자 텍스트와 점선에 맞춰 입력합니다.

06 모든 개체를 전체 선택하고 Ctrl + G 를 눌러 그룹화합니다.

07 Ctrl + Shift 를 누른 채 그룹 개체를 오른쪽으로 드래그한 후 F4 를 눌러 세 개의 그룹 개체를 동일한 간격으로 배치합니다.

08 세 개의 그룹 개체를 전체 선택하고 Ctrl + G 를 눌러 그룹화합니다.

09 그룹 개체를 선택하고 [홈] – [정렬] – [맞춤] – [가운데 맞춤]을 클릭해 슬라이드 정가운데 배치합니다.

10 Ctrl + Shift + G 를 두 번 눌러 그룹화를 해제하고 각각의 숫자, 제목, 설명 텍스트를 수정합니다.

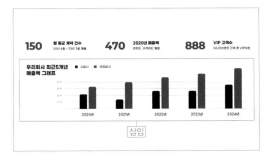

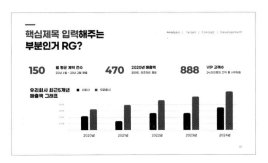

11 완성된 수치 강조형 다이어그램 아래에 색상 테마를 맞춘 차트나 표를 넣어 줍니다.

차트를 만들기 어렵다면 완성파일에서 차트를 가져오면 되는 부분인 거 RG?

12 그림과 같이 슬라이드 제목을 넣어 주면 더 완성도 높은 피피티를 만들 수 있는 부분인 거 RG?

아이콘 수치 강조형 다이어그램

미리보기　　　　　📁 완성파일 ｜ P02\Ch08 수치 강조형 다이어그램.pptx – 슬라이드 3

어플 누적 다운로드
1500만

누적 거래 건수
53만 건

누적 판매 금액
3.8조

누적 리뷰 개수
3만 **2**천 개

이번에는 여행 플랫폼인 '여기어때'의 색상 테마를 활용해 아이콘 수치 강조형 다이어그램을 만들어 보겠습니다. 아이콘으로 가독성을 나이스하게 올린 심플한 디자인의 다이어그램입니다.

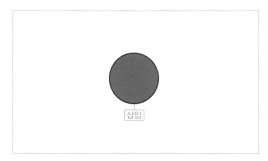

01 [삽입] – [도형] – [기본 도형] – [타원]을 `Shift` 를 누른 채 드래그하여 삽입합니다.

02 색상은 '연한 회색(#E9E9E9)', 윤곽선의 색상은 '검은색', 두께는 '1½ pt (1.5 pt)'로 설정합니다.

03 플래티콘(flaticon.com)에서 주제에 어울리는 아이콘을 다운로드하고 원 도형 안에 삽입합니다.

🟢 도형이 연한 회색이니까 검은색 아이콘을 넣어야 훨씬 잘 보이는 거 RG?

04 원 도형 오른쪽에 텍스트 상자를 삽입하고 'G마켓 산스 Bold, 18 pt'로 아이콘과 관련된 제목을 입력해 줍니다.

05 텍스트 상자를 삽입하고 'G마켓 산스 Bold, 48 pt', '빨간색(#FF2E3D)'의 숫자 텍스트를 입력합니다.

🟢 원 도형의 높이와 비슷하게 텍스트의 크기를 조절해야 정렬되어 보이는 부분인 거 RG?

06 숫자 단위 텍스트를 입력하고 'G마켓 산스 Medium, 24 pt', '검은색'으로 서식을 설정합니다.

🟢 숫자를 강조하기 위해 단위를 'G마켓 산스 Medium' 폰트로 입력하는 게 포인트!

07 개체를 전체 선택하고 Ctrl + Shift 를 누른 채 오른쪽으로 드래그하여 복사합니다.

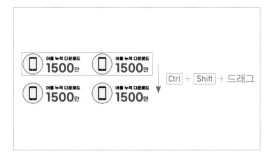

08 다시 모든 개체를 선택하고 Ctrl + Shift 를 누른 채 아래로 드래그해 그림과 같이 복사합니다.

09 모든 개체를 선택한 후 Ctrl + G 를 눌러 그룹화합니다.

10 그룹 개체를 선택하고 [홈] – [정렬] – [맞춤] – [가운데 맞춤], [중간 맞춤]을 클릭해 슬라이드 정가운데 배치합니다.

11 각각의 제목과 숫자 그리고 단위 텍스트를 수정해 줍니다.

12 플래티콘(flaticon.com)에서 주제에 맞는 아이콘을 다운로드해 각각 교체해 주면 아이콘 수치 강조형 다이어그램 완성!

Part

03

실무 에이스로
거듭나는 다이어그램

수만 장의 피피티를 제작하며 알게 된 사실은 몇 가지 다이어그램만 알고 있어도 충분히 퀄리티 좋은 피피티를 만들 수 있다는 것입니다. 이번 파트에서는 알아두면 반드시 필살기가 되는 다이어그램을 만들어 보겠습니다. 어떤 상황에서도 에이스로 거듭날 수 있는 치트키 다이어그램을 함께 만들어 보시죠!

SWOT 분석
다이어그램 사냥

SWOT은 'Strength(강점)', 'Weakness(약점)', 'Opportunity(기회)', 'Threat(위협)' 이 네 가지 요인을 분석해 전략을 세우는 방법입니다. 이번 챕터에서는 많은 양의 정보를 일목요연하게 정리할 수 있는 SWOT 분석 다이어그램을 사냥해 보겠습니다.

도넛형 SWOT 분석 다이어그램

📁 완성파일 | P03\Ch09 SWOT 분석 다이어그램.pptx − 슬라이드 1

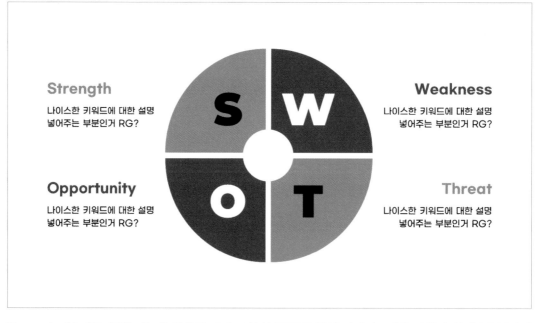

'SmartArt(스마트아트)' 기능을 활용해 도넛 모양의 SWOT 분석 다이어그램을 만들어 볼까요? 긍정적 측면과 부정적 측면을 색상으로 구분해 시각적인 전달력을 높여 주겠습니다.

01 [삽입] - [SmartArt] - [행렬형] - [주기 행렬형]을 선택하고 [확인]을 클릭합니다.

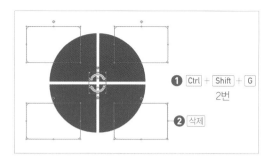

02 Ctrl + Shift + G 를 두 번 눌러 스마트아트의 그룹을 해제합니다. 네 조각의 원 도형을 제외한 나머지 개체는 삭제해 주세요.

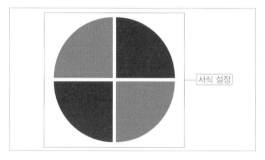

03 도형의 색상을 '주황색(#F5821F)', '핑크색(#E11383)' 그리고 '윤곽선 없음'으로 설정합니다. 대각선으로 맞닿아 있는 도형의 색상을 같게 설정해 주세요.

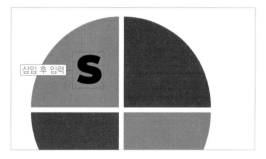

04 왼쪽 첫 번째 도형에 텍스트 상자를 삽입하고 'Montserrat Black, 80 pt'로 대문자 'S'를 입력합니다.

🐸 도형의 크기에 맞춰 텍스트의 크기를 적절히 조절합니다.

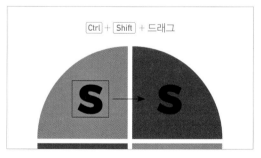

05 텍스트를 Ctrl + Shift 를 누른 채 오른쪽으로 드래그하여 복사합니다.

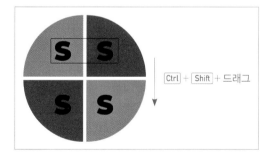

06 두 개의 텍스트를 모두 선택한 후 Ctrl + Shift 를 누른 채 아래로 드래그하여 복사합니다.

🐸 위치를 미세하게 조정하고 싶을 때는 방향키를 누르거나 Ctrl + Alt + Shift 를 누른 채 드래그합니다.

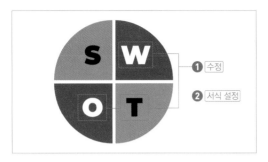

07 복사한 텍스트를 위에서부터 시계 방향으로 'W', 'T', 'O'로 수정합니다. 'W'와 'O'의 색상은 '흰색'으로 설정해 주세요.

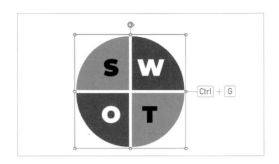

08 모든 개체를 전체 선택하고 Ctrl + G 를 눌러 그룹화합니다.

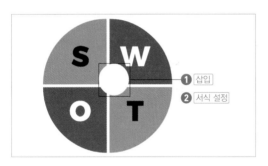

09 [삽입] – [도형] – [기본 도형] – [타원]을 Shift 를 누른 채 드래그하여 삽입한 후 색상은 '흰색', '윤곽선 없음'으로 설정합니다.

'흰색'의 원 도형을 삽입해 시각적으로 답답한 느낌을 해소해 줍니다.

10 원 도형과 그룹 개체를 전체 선택하고 [홈] – [정렬] – [맞춤] – [가운데 맞춤], [중간 맞춤]을 클릭해 정렬합니다.

11 슬라이드 왼쪽 상단에 텍스트 상자 두 개를 삽입하고 '주황색(#F5821F)'의 제목(G마켓 산스 Bold, 24 pt)과 설명(G마켓 산스 Medium, 16 pt) 텍스트를 입력합니다.

12 제목과 설명 텍스트를 마우스 오른쪽 버튼으로 클릭 – [개체 서식]을 선택한 후 [텍스트 옵션] – [텍스트 채우기 및 윤곽선] – [텍스트 윤곽선]에서 '실선'에 체크하고 투명도를 '100%'로 설정합니다.

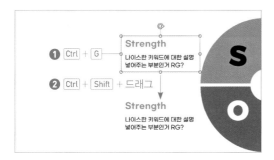

13 `Ctrl` + `G` 를 눌러 텍스트를 그룹화하고 그룹 개체를 `Ctrl` + `Shift` 를 누른 채 아래로 드래그하여 복사합니다.

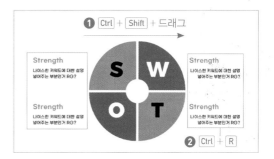

14 왼쪽의 텍스트를 전체 선택하고 `Ctrl` + `Shift` 를 누른 채 오른쪽으로 드래그한 후 복사한 텍스트를 `Ctrl` + `R` 을 눌러 오른쪽으로 정렬합니다.

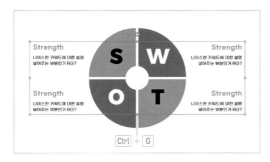

15 도넛 모양 도형 바깥쪽에 있는 텍스트를 전체 선택하고 `Ctrl` + `G` 를 눌러 그룹화합니다.

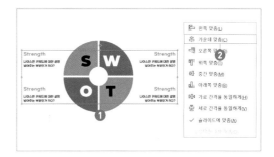

16 그룹 개체를 선택하고 [홈] – [정렬] – [맞춤] – [가운데 맞춤]을 클릭합니다.

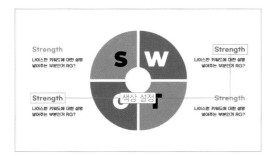

17 그림과 같이 'W(약점)', 'O(기회)' 부분의 제목 텍스트 색상을 '핑크색(#E11383)'으로 설정합니다.

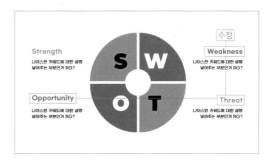

18 각각의 제목 텍스트를 수정하면 도넛형 SWOT 분석 다이어그램 완성!

행렬형 SWOT 분석 다이어그램

미리보기　　　　　　　　　　🗂 완성파일 ｜ P03\Ch09 SWOT 분석 다이어그램.pptx – 슬라이드 2

나이스한 강점 입력

나이스한 내용을 시원하게 적어주면
되는 부분이니까 도형 높이에 맞게
2~3줄 적어주면 나이스한 부분

나이스한 약점 입력

나이스한 내용을 시원하게 적어주면
되는 부분이니까 도형 높이에 맞게
2~3줄 적어주면 나이스한 부분

나이스한 기회 입력

나이스한 내용을 시원하게 적어주면
되는 부분이니까 도형 높이에 맞게
2~3줄 적어주면 나이스한 부분

나이스한 위험 입력

나이스한 내용을 시원하게 적어주면
되는 부분이니까 도형 높이에 맞게
2~3줄 적어주면 나이스한 부분

이번에는 심플하고 깔끔한 디자인의 행렬형 SWOT 분석 다이어그램을 만들어 보겠습니다. 아이콘을 넣어 시각적 효과를 극대화하고 메시지의 전달력을 높여 줍니다.

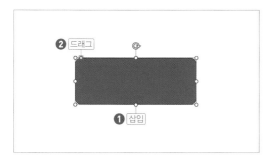

01 [삽입] – [도형] – [사각형] – [사각형: 둥근 모서리]를 삽입하고 노란색 조절점을 드래그해 그림과 같이 모서리를 둥글게 만들어 줍니다.

02 [삽입] – [도형] – [사각형] – [사각형: 둥근 모서리]를 그림과 같이 삽입하고 색상은 '연한 회색(#E7E6E6)', '윤곽선 없음'으로 설정해 주세요.

🐘 슬라이드 배경색과 구분되면서 아이콘을 배치하면 잘 보일 정도의 연한 회색으로 설정합니다.

03 노란색 조절점을 드래그해 **01**에서 삽입한 도형의 모서리와 비슷하게 만들고 왼쪽과 위아래의 여백을 비슷한 간격으로 배치합니다.

04 뒤에 있는 도형의 색상은 '색 채우기 없음', 윤곽선 색상은 표준 색의 '진한 파랑', 두께는 '1 pt'로 설정합니다.

05 플래티콘(flaticon.com)에서 주제에 어울리는 아이콘을 다운로드해 도형 위에 삽입합니다.

06 도형 상단에 텍스트 상자를 삽입하고 'G마켓 산스 Bold, 16 pt'의 제목 텍스트를 입력한 후 강조할 키워드의 색상을 표준 색의 '파랑'으로 설정합니다.

07 텍스트 상자를 삽입하고 'G마켓 산스 Medium, 11 pt'로 설명 텍스트를 입력한 후 [홈] – [줄 간격]에서 '1.5'를 선택합니다.

🧠 회색 도형의 높이에 맞춰 텍스트를 배치하기 위해 줄 간격을 조절해 주는 부분인 거 RG?

08 [삽입] – [도형] – [선] – [선]을 제목과 설명 텍스트 사이에 Shift 를 누른 채 드래그하여 삽입합니다.

09 색상은 표준 색의 '파랑', 두께는 '½ pt (0.5 pt)', 대시는 '파선'으로 설정합니다.

10 슬라이드에 있는 모든 개체를 전체 선택하고 Ctrl + G 를 눌러 그룹화합니다.

11 그룹 개체를 Ctrl + Shift 를 누른 채 오른쪽으로 드래그하여 복사합니다.

12 그룹 개체를 전체 선택하고 Ctrl + Shift 를 누른 채 아래로 드래그하여 복사합니다.

🧠 그룹 개체를 배치할 때 가운데 여백이 정다각형 모양일수록 정렬되어 보이는 거 RG?

13 모든 개체를 전체 선택하고 Ctrl + G 를 눌러 그룹화합니다.

14 그룹 개체를 선택하고 [홈] – [정렬] – [맞춤] – [가운데 맞춤], [중간 맞춤]을 클릭해 슬라이드 정가운데 배치합니다.

15 Ctrl + Shift + G 를 두 번 눌러 전체 그룹을 해제하고 각각의 제목 텍스트를 수정합니다.

16 아이콘 하나를 클릭해 [그림 서식] – [크기]에서 아이콘의 높이와 너비를 확인합니다.

17 플래티콘(flaticon.com)에서 주제에 어울리는 아이콘 세 개를 다운로드해 삽입한 후 크기를 동일하게 조절합니다.

18 각각의 아이콘을 교체하면 행렬형 SWOT 분석 다이어그램 사냥 성공!

바람개비형 SWOT 분석 다이어그램

미리보기　　　　　　🗀 완성파일 | P03\Ch09 SWOT 분석 다이어그램.pptx – 슬라이드 3

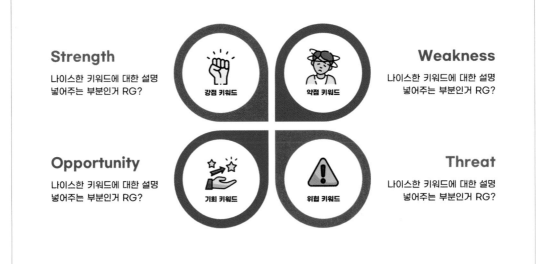

이번에는 눈물 방울 도형을 활용해 바람개비형 SWOT 분석 다이어그램을 만들어 보겠습니다. 'Lesson 9-1'의 도넛형 SWOT 분석 다이어그램과 비슷한 구조이지만 키워드와 어울리는 아이콘을 넣어 훨씬 돋보이는 다이어그램으로 만들어 줍니다.

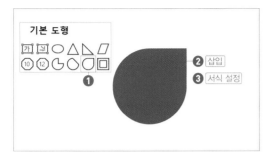

01 [삽입] – [도형] – [기본 도형] – [눈물 방울]을 Shift 를 누른 채 드래그하여 삽입하고 윤곽선의 색상을 '윤곽선 없음'으로 설정합니다.

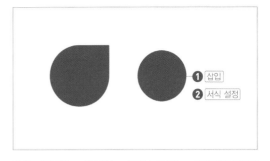

02 [삽입] – [도형] – [기본 도형] – [타원]을 Shift 를 누른 채 드래그하여 삽입한 후 윤곽선의 색상을 '윤곽선 없음'으로 설정합니다.

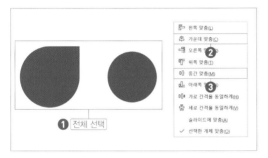
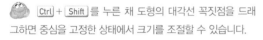

03 도형을 전체 선택하고 [홈] – [정렬] – [맞춤] – [가운데 맞춤], [중간 맞춤]을 클릭합니다.

🐸 Ctrl + Shift 를 누른 채 도형의 대각선 꼭짓점을 드래 그하면 중심을 고정한 상태에서 크기를 조절할 수 있습니다.

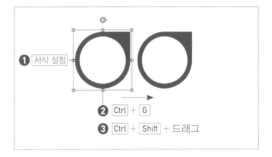

04 원 도형의 색상을 '흰색'으로 설정합니다. 도형을 전체 선택하고 Ctrl + G 를 눌러 그룹화한 후 Ctrl + Shift 를 누른 채 오른쪽으로 드래그합니다.

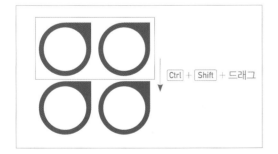

05 Ctrl + Shift 를 누른 채 두 개의 그룹 개체를 아래 로 드래그하여 그림과 같이 배치합니다.

🐢 그룹 개체를 복사할 때 정렬되어 보이도록 가운데 여백 을 신경 쓰며 복사합니다.

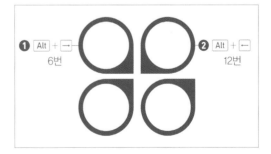

06 첫 번째 그룹 개체를 Alt 를 누른 채 → 를 여섯 번 눌러 그림과 같이 회전합니다. 두 번째 그룹 개체도 Alt 를 누른 채 ← 를 열두 번 눌러 회전합니다.

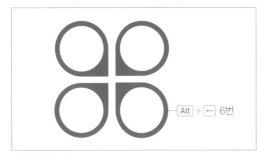

07 오른쪽 아래의 그룹 개체도 `Alt`를 누른 채 `←`를 여섯 번 눌러 도형의 뾰족한 부분이 가운데 모이도록 회전시킵니다.

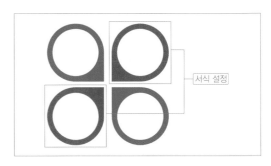

08 1시, 7시 방향의 눈물 방울 도형의 색상을 '빨간색(#E83344)'으로 설정합니다.

09 플래티콘(flaticon.com)에서 주제에 어울리는 아이콘을 다운로드해 삽입합니다.

10 아이콘 아래에 텍스트 상자를 삽입하고 'G마켓 산스 Bold, 12 pt'의 키워드를 입력합니다.

🐸 아이콘과 텍스트 상자를 도형 안에 배치해야 정렬할 때 기준이 틀어지지 않고 한 번에 정렬할 수 있는 거 RG?

11 그룹 개체, 아이콘, 텍스트를 전체 선택하고 [홈] – [정렬] – [맞춤] – [가운데 맞춤]을 클릭합니다.

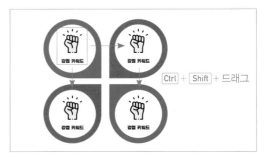

12 아이콘과 텍스트를 전체 선택하고 `Ctrl`+`Shift`를 누른 채 오른쪽과 아래로 드래그해 원 도형 정가운데에 각각 배치합니다.

13 플래티콘(flaticon.com)에서 주제에 어울리는 아이콘을 다운로드해 각각의 아이콘을 교체한 후 텍스트도 수정해 줍니다.

14 슬라이드 왼쪽 상단에 텍스트 상자 두 개를 삽입하고 제목(G마켓 산스 Bold, 24 pt)과 설명(G마켓 산스 Medium, 16 pt) 텍스트를 입력합니다.

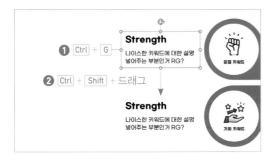

15 텍스트를 전체 선택하고 Ctrl + G 를 눌러 그룹화한 후 Ctrl + Shift 를 누른 채 아래로 드래그하여 복사합니다.

16 왼쪽의 그룹 개체를 전체 선택하고 Ctrl + Shift 를 누른 채 오른쪽으로 드래그한 후 Ctrl + R 을 눌러 복사한 텍스트를 오른쪽으로 정렬합니다.

17 텍스트 그룹을 전체 선택하고 Ctrl + G 를 누른 후 [홈] – [정렬] – [맞춤] – [가운데 맞춤]을 클릭합니다.

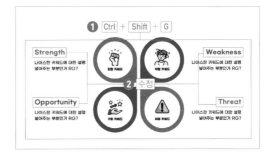

18 Ctrl + Shift + G 를 눌러 전체 그룹을 해제하고 제목 텍스트의 내용과 색상을 수정하면 눈물 방울 도형을 활용한 깔끔한 SWOT 분석 다이어그램 사냥 성공!

프로세스
다이어그램 사냥

캐주얼하면서 깔끔한 디자인의 네 가지 프로세스 다이어그램을
만들어 볼까요? 프로세스 다이어그램은 복잡한 절차나 과정을
직관적으로 표현할 수 있어 유용합니다. 이번 챕터에서 알려드
리는 스킬을 실무에서 나이스하게 응용해 보세요!

Lesson 10-1

나열형 프로세스 다이어그램

미리보기   완성파일 │ P03\Ch10 프로세스 다이어그램.pptx – 슬라이드 1

먼저 단계별로 과정이 나열되어 있는 나열형 프로세스 다이어그램을 만들어 보겠습니다. 이번 레슨의 포인트는 왼쪽에서 오른쪽으로 흐르는 시선의 흐름을 기억하며 도형의 방향을 잡는 것입니다.

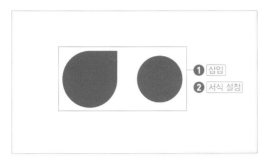

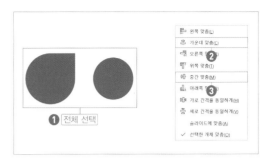

01 [삽입] – [도형] – [기본 도형] – [눈물 방울]과 [타원]을 Shift 를 누른 채 드래그하여 삽입하고 윤곽선의 색상을 '윤곽선 없음'으로 설정합니다.

02 도형 두 개를 전체 선택하고 [홈] – [정렬] – [맞춤] – [가운데 맞춤], [중간 맞춤]을 클릭해 정렬합니다.

03 Alt + → 를 세 번 눌러 도형의 방향을 바꾸고 원 도형의 색상을 '흰색'으로 설정합니다.

04 물방울 도형을 Ctrl 을 누른 채 아래로 두 번 드래그하여 그림과 같이 나란히 배치하고 처음에 만든 물방울 도형의 색상을 '주황색(#FB6500)'으로 설정합니다.

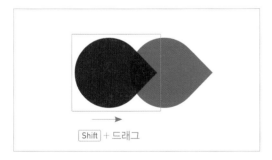

05 왼쪽 물방울 도형을 Shift 를 누른 채 드래그하여 겹쳐 줍니다.

예제에서는 물방울 도형이 잘 보이도록 색상을 검은색으로 바꾼 거 RG?

06 오른쪽 도형을 선택하고 Ctrl 을 누른 채 왼쪽 도형을 선택한 후 [도형 서식] – [도형 병합] – [빼기]를 클릭합니다.

'도형 병합' 기능을 사용할 때는 개체를 선택하는 순서가 중요하기 때문에 차례대로 선택합니다.

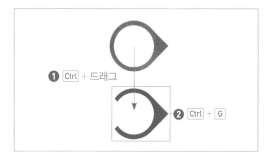

07 03에서 만든 흰색 원을 Ctrl을 누른 채 드래그해 06에서 만든 도형 위에 배치하고 전체 선택해 Ctrl + G를 눌러 그룹화합니다.

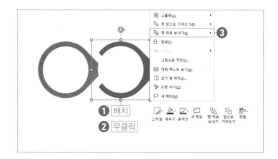

08 그룹 개체를 주황색 물방울 도형 오른쪽에 나란히 배치한 후 오른쪽 버튼으로 클릭 – [맨 뒤로 보내기]를 선택합니다.

주황색 물방울 도형의 끝이 보이도록 앞에 있는 그룹 개체를 맨 뒤로 보내는 부분인 거 RG?

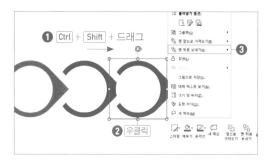

09 Ctrl + Shift 를 누른 채 그룹 개체를 오른쪽으로 드래그하여 복사한 후 복사한 개체를 마우스 오른쪽 버튼으로 클릭 – [맨 뒤로 보내기]를 클릭합니다.

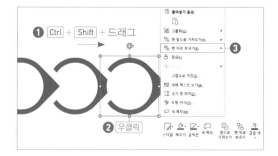

10 그룹 개체를 Ctrl + Shift 를 누른 채 오른쪽으로 한 번 더 드래그하여 복사한 후 마우스 오른쪽 버튼으로 클릭 – [맨 뒤로 보내기]를 선택합니다.

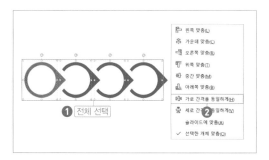

11 네 개의 그룹 개체를 전체 선택하고 [홈] – [정렬] – [맞춤] – [가로 간격을 동일하게]를 선택합니다.

12 네 개의 그룹 개체를 전체 선택하고 Ctrl + G를 눌러 그룹화한 후 [홈] – [정렬] – [맞춤] – [가운데 맞춤]을 선택합니다.

13 `Ctrl` + `Shift` + `G`를 두 번 눌러 전체 그룹을 해제하고 물방울 도형의 색상을 그림과 같이 '주황색(#FB6500)'과 '초록색(#019E6B)'으로 설정합니다.

14 첫 번째 물방울 도형 위에 텍스트 상자를 삽입하고 '주황색(#FB6500)'의 제목(G마켓 산스 Bold, 14 pt) 텍스트를 입력합니다.

15 첫 번째 물방울 도형 아래에 텍스트 상자를 삽입하고 설명(G마켓 산스 Medium, 11 pt) 텍스트를 입력합니다.

설명 텍스트의 길이에 따라 [줄 간격 옵션]에서 줄 간격의 값을 적당히 조절해 주는 거 RG?

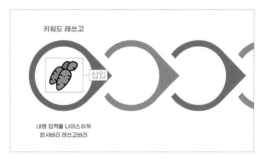

16 플래티콘(flaticon.com)에서 주제에 어울리는 아이콘을 다운로드해 삽입합니다. 텍스트와 아이콘을 물방울 도형의 세로 센터에 맞춰 정렬해 주세요.

17 텍스트와 아이콘을 모두 선택해 `Ctrl` + `Shift` 를 누른 채 오른쪽으로 드래그하고 `F4` 를 두 번 눌러 줍니다. 텍스트를 도형의 센터에 맞춰 배치해 주세요.

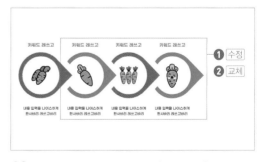

18 제목과 설명 텍스트의 내용과 색상을 수정하고 아이콘을 주제에 맞게 교체하면 나열형 프로세스 다이어그램 완성!

계단형 프로세스 다이어그램

미리보기 　　　　　🗂 완성파일 | P03\Ch10 프로세스 다이어그램.pptx – 슬라이드 2

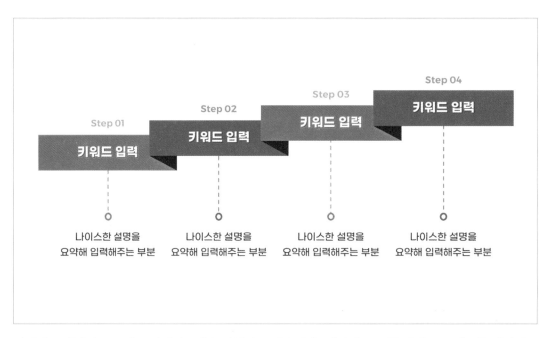

이번에는 계단형 프로세스 다이어그램을 만들어 보겠습니다. 계단식 구조를 통해 프로세스를 단계별로 설명할 수 있고 청중은 메시지를 쉽게 파악할 수 있습니다.

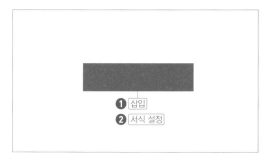

01 [삽입] – [도형] – [사각형] – [직사각형]을 삽입하고 색상은 '주황색(#FF6D0D)', '윤곽선 없음'으로 설정합니다.

🐾 네 개의 직사각형을 나열할 수 있을 정도의 크기로 삽입합니다.

02 사각형 오른쪽 모서리에 [삽입] – [도형] – [기본 도형] – [직각 삼각형]을 삽입하고 색상은 '검은색(#3B3838)', '윤곽선 없음'으로 설정합니다.

03 [Alt] + [←]를 여섯 번 눌러 직각 삼각형을 회전하고 [홈] – [정렬] – [회전] – [상하 대칭]을 선택한 후 그림과 같이 배치합니다.

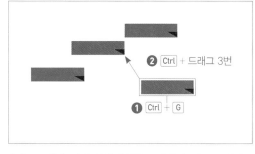

04 도형을 전체 선택해 [Ctrl] + [G]를 눌러 그룹화하고 그룹 개체를 [Ctrl]을 누른 채 세 번 드래그하여 총 네 개의 그룹 개체를 만들어 줍니다.

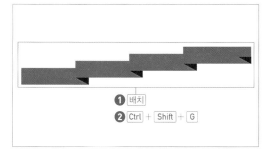

05 그룹 개체를 드래그해 그림과 같이 배치하고 [Ctrl] + [Shift] + [G]를 눌러 그룹을 해제합니다.

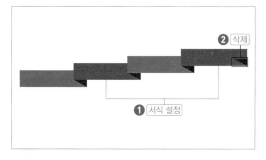

06 두 번째, 네 번째 사각형의 색상을 '핑크색(#F20C90)'으로 설정하고 네 번째 사각형 위의 직각 삼각형은 삭제합니다.

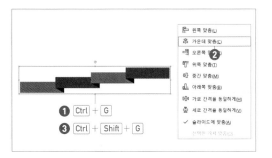

07 도형을 전체 선택하고 `Ctrl` + `G`를 눌러 그룹화한 후 [홈] – [정렬] – [맞춤] – [가운데 맞춤]을 선택하고 `Ctrl` + `Shift` + `G`를 눌러 그룹을 해제합니다.

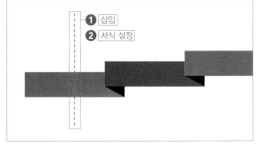

08 [삽입] – [도형] – [선] – [선]을 `Shift`를 누른 채 드래그하여 삽입하고 두께는 '1½ pt (1.5 pt)', 대시는 '파선'으로 설정합니다.

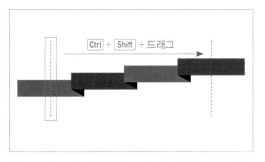

09 선을 `Ctrl` + `Shift`를 누른 채 오른쪽으로 드래그해 네 번째 사각형 위에 배치합니다.

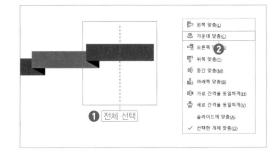

10 네 번째 사각형과 복사한 선을 전체 선택하고 [홈] – [정렬] – [맞춤] – [가운데 맞춤]을 선택합니다.

'스마트 가이드'가 실행되지 않을 때 '정렬' 기능을 사용하면 정확한 위치에 빠르게 배치할 수 있습니다.

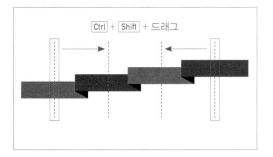

11 맨 끝에 있는 두 개의 선을 각각 안쪽으로 `Ctrl` + `Shift`를 누른 채 드래그하여 복사합니다.

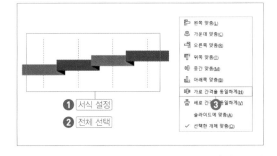

12 선의 색상을 각각 '주황색(#FF6D0D)', '핑크색(#F20C90)'으로 설정하고 전체 선택한 후 [홈] – [정렬] – [맞춤] – [가로 간격을 동일하게]를 클릭합니다.

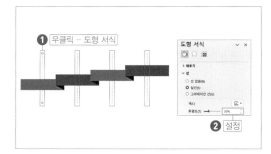

13 네 개의 선을 각각 마우스 오른쪽 버튼으로 클릭 – [도형 서식]을 선택한 후 [채우기 및 선] – [선]에서 투명도를 '30%'로 설정합니다.

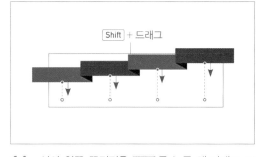

14 선의 위쪽 꼭짓점을 Shift 를 누른 채 아래로 드래그하여 그림과 같이 사각형의 아랫부분에 맞닿게 조절합니다.

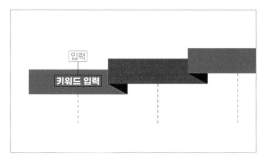

15 사각형에 'G마켓 산스 Bold, 18 pt', '흰색'의 제목 텍스트를 입력하고 [텍스트 그림자(S)]를 클릭해 그림자를 추가합니다.

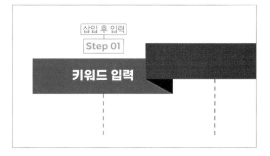

16 사각형 위에 텍스트 상자를 삽입하고 'Montserrat SemiBold, 14 pt', '연한 주황색(#FCB07C)'의 영어 텍스트를 입력합니다.

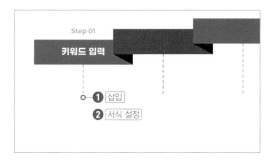

17 점선 아래에 [삽입] – [도형] – [기본 도형] – [타원]을 Shift 를 누른 채 드래그하여 삽입하고 색상은 '흰색', 윤곽선 색상은 '주황색(#FF6D0D)', 두께는 '2¼ pt (2.25 pt)'로 설정합니다.

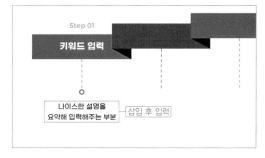

18 원 도형 아래에 텍스트 상자를 삽입하고 'G마켓 산스 Medium, 14 pt'의 설명 텍스트를 입력합니다.

🫛 설명 텍스트의 길이에 따라 [줄 간격 옵션]에서 줄 간격의 값을 적당히 조절해 주는 거 RG?

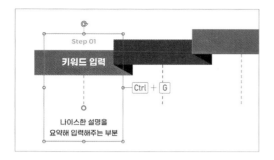

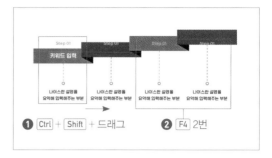

19 두 개의 텍스트 상자와 원 도형을 전체 선택하고 `Ctrl` + `G` 를 눌러 그룹화합니다.

20 그룹 개체를 `Ctrl` + `Shift` 를 누른 채 오른쪽으로 드래그해 복사하고 `F4` 를 두 번 눌러 줍니다.

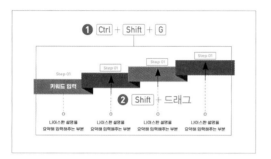

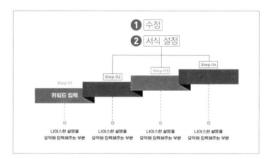

21 그룹 개체를 전체 선택하고 `Ctrl` + `Shift` + `G` 를 눌러 그룹을 해제한 후 영어 텍스트를 각각 `Shift` 를 누른 채 위로 드래그하여 그림과 같이 배치합니다.

22 영어 텍스트를 수정한 후 두 번째, 네 번째 텍스트의 색상을 '연한 핑크색(#FA8CD3)'으로 설정합니다.

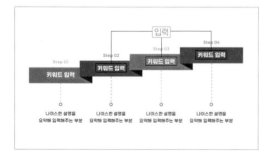

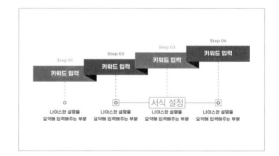

23 나머지 사각형에도 'G마켓 산스 Bold, 18 pt', '흰색'의 제목 텍스트를 입력한 후 [텍스트 그림자(**S**)]를 클릭해 그림자를 추가합니다.

24 두 번째와 네 번째 원의 윤곽선 색상을 '핑크색(#F20C90)'으로 설정하면 계단형 프로세스 다이어그램 사냥 성공!

꼬불꼬불한 프로세스 다이어그램

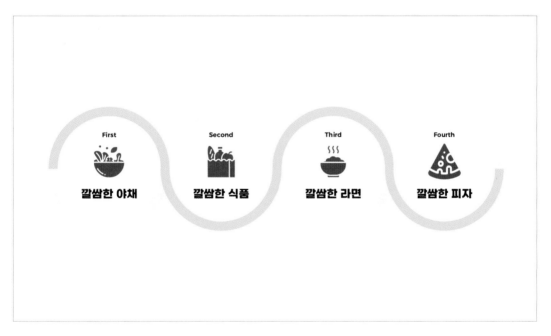

꼬불꼬불한 모양의 프로세스 다이어그램을 만들어 볼까요? 시선의 흐름을 고려해 왼쪽에서 오른쪽으로 자연스럽게 흘러가는 곡선 형태의 도형을 만드는 것이 이번 레슨의 포인트입니다.

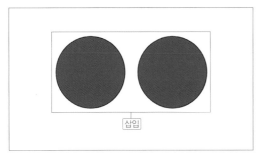

01 [삽입] - [도형] - [기본 도형] - [타원] 두 개를 Shift 를 누른 채 드래그하여 같은 크기로 삽입합니다.

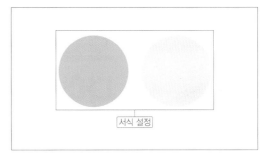

02 원 도형의 색상을 각각 '노란색(#F5DA7F)'과 '회색(#F0F0F0)' 그리고 '윤곽선 없음'으로 설정합니다.

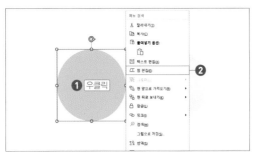

03 노란색 원 도형을 마우스 오른쪽 버튼으로 클릭하고 [점 편집]을 선택합니다.

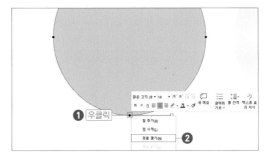

04 원 도형 하단의 꼭짓점을 마우스 오른쪽 버튼으로 클릭하고 [경로 열기]를 선택합니다.

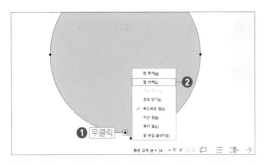

05 '경로 열기'를 선택한 후에 두 개로 나눠진 검은색 꼭짓점을 각각 마우스 오른쪽 버튼으로 클릭한 후 [점 삭제]를 선택하면 반원 형태의 도형이 됩니다.

06 반원 도형과 회색 원 도형을 그림과 같이 겹치게 배치합니다.

🐸 회색 원 도형이 앞으로 오면 '맨 뒤로 보내기'를 실행해 줍니다.

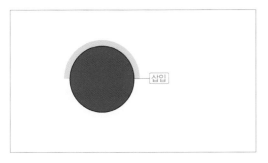

07 [삽입] – [도형] – [기본 도형] – [타원]을 Shift 를 누른 채 겹쳐 놓은 도형 정가운데에 드래그하여 삽입합니다.

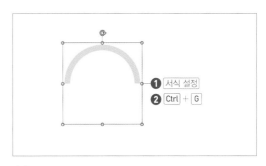

08 원 도형의 색상을 '흰색', '윤곽선 없음'으로 설정하고 도형을 전체 선택해 Ctrl + G 를 눌러 그룹화합니다.

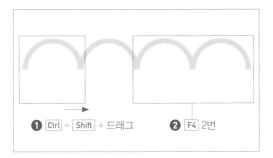

09 그룹 개체를 Ctrl + Shift 를 누른 채 오른쪽으로 드래그하고 F4 를 두 번 눌러 그림과 같이 나열합니다.

그룹 개체가 자연스럽게 연결되어 보이도록 세밀하게 조절하고 싶다면 Ctrl + Alt + Shift 를 누른 채 드래그합니다.

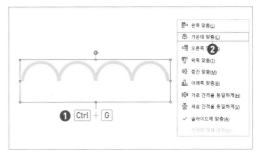

10 그룹 개체를 전체 선택하고 Ctrl + G 를 눌러 그룹화한 후 [홈] – [정렬] – [맞춤] – [가운데 맞춤]을 선택합니다.

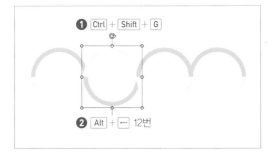

11 Ctrl + Shift + G 를 한 번 눌러 그룹을 해제하고 두 번째 그룹 개체를 선택해 Alt + ← 를 열두 번 눌러 그림과 같이 회전합니다.

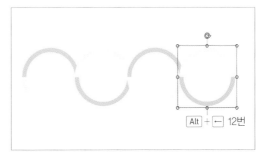

12 네 번째 그룹 개체도 선택한 후 Alt + ← 를 열두 번 눌러 그림과 같이 회전시켜 줍니다.

09에서 그룹 개체가 자연스럽게 연결되도록 배치하지 않으면 울퉁불퉁하게 보일 수 있습니다. 만약 울퉁불퉁하게 보인다면 **09**로 돌아가 다시 작업해 보세요.

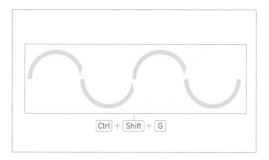

13 전체 그룹 개체를 선택하고 `Ctrl` + `Shift` + `G` 를 눌러 그룹을 해제합니다.

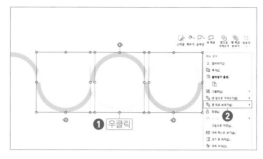

14 두 번째, 세 번째, 네 번째 회색 원 도형을 마우스 오른쪽 버튼으로 클릭 – [맨 뒤로 보내기]를 선택합니다.

15 플래티콘(flaticon.com)에 접속해 주제에 맞는 아이콘을 검색하고 상단의 [Edit icon]을 클릭합니다.

16 아이콘의 색상을 '초록색(#0F634B)'으로 설정하고 [Download]를 클릭해 다운로드합니다.

아이콘의 색상을 변경하는 방법은 'Chapter 07'의 'Lesson 7-2(p. 153)'와 'Lesson 7-3(p. 156)'에 자세히 나와 있는 거 RG?

17 아이콘을 첫 번째 원 위에 삽입하고 크기를 적절히 조절합니다.

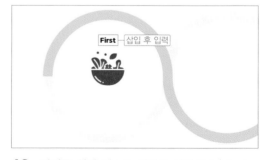

18 아이콘 위에 텍스트 상자를 삽입하고 'Montserrat SemiBold, 10.5 pt'의 영어 텍스트를 입력합니다.

19 아이콘 아래에 텍스트 상자를 삽입하고 'G마켓 산스 Bold, 18 pt'의 제목 텍스트를 입력합니다.

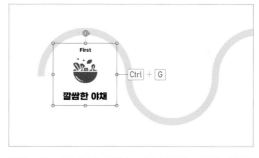

20 원 도형 안에 개체를 모두 선택하고 Ctrl + G 를 눌러 그룹화합니다.

21 그룹 개체를 Ctrl + Shift 를 누른 채 오른쪽으로 드래그하고 F4 를 두 번 눌러 원 도형 안에 그림과 같이 배치합니다.

22 아이콘을 주제에 맞게 교체하고 아이콘 위아래의 텍스트를 각각 수정해 주면 꼬불꼬불한 프로세스 다이어그램 완성!

Lesson 10-4

고양이 발바닥 모양 프로세스 다이어그램

미리보기 💾 완성파일 | P03\Ch10 프로세스 다이어그램.pptx – 슬라이드 4

이번에는 '도형 병합' 기능을 사용해 기본 도형에 없는 도형을 직접 만들어 보겠습니다. 직접 만든 도형을 다이어그램에 활용하면 남들과는 다른 나만의 특별한 피피티를 만들 수 있습니다.

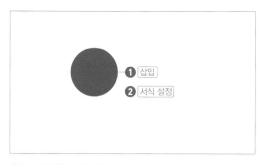

01 [삽입] - [도형] - [기본 도형] - [타원]을 Shift 를 누른 채 드래그하여 삽입하고 윤곽선의 색상을 '윤곽선 없음'으로 설정합니다.

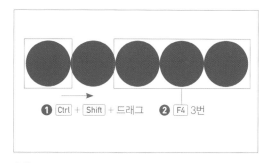

02 Ctrl + Shift 를 누른 채 오른쪽으로 드래그한 후 F4 를 세 번 눌러 총 다섯 개의 원 도형을 나열합니다.

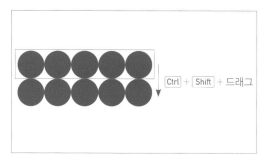

03 다섯 개의 원 도형을 전체 선택하고 Ctrl + Shift 를 누른 채 아래로 드래그하여 그림과 같이 배치합니다.

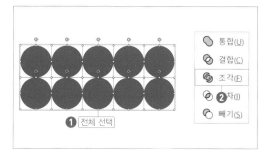

04 열 개의 원 도형을 전체 선택하고 [도형 서식] - [도형 병합] - [조각]을 클릭합니다.

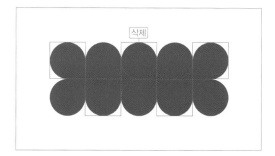

05 조각난 도형 중 그림에 표시된 다섯 개의 원을 각각 선택하고 Delete 를 눌러 삭제해 줍니다.

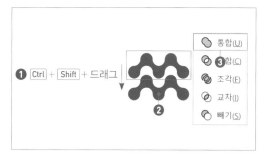

06 도형을 전체 선택하고 Ctrl + Shift 를 누른 채 아래로 드래그해 복사한 후 복사한 도형을 선택하고 [도형 서식] - [도형 병합] - [통합]을 클릭합니다.

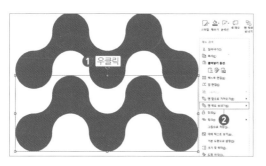

07 통합한 도형을 마우스 오른쪽 버튼으로 클릭하고 [맨 뒤로 보내기]를 선택합니다.

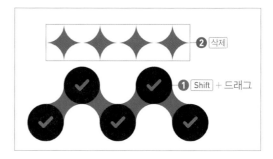

08 05에서 조각 낸 도형 중 원 도형을 각각 Shift 를 누른 채 통합한 도형 위로 드래그하여 그림과 같이 배치한 후 나머지 도형은 삭제합니다.

예제에서는 원 도형이 잘 보이도록 색상을 갈색으로 바꾼 거 RG?

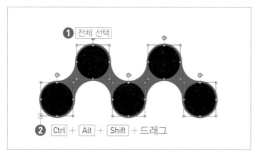

09 원 도형 다섯 개를 전체 선택하고 Ctrl + Alt + Shift 를 누른 채 대각선 꼭짓점을 드래그하여 중심을 고정한 채 크기를 줄여 줍니다.

10 원 도형의 색상은 '흰색', 통합한 도형의 색상은 '베이지색(#F3EADB)'으로 설정합니다.

11 첫 번째 원 도형 안에 [삽입] – [도형] – [기본 도형] – [타원]을 Shift 를 누른 채 드래그하여 삽입하고 색상을 '빨간색(#D72300)', '윤곽선 없음'으로 설정합니다.

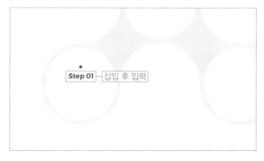

12 빨간색 원 도형 아래에 텍스트 상자를 삽입하고 'Montserrat SemiBold, 12 pt', '빨간색(#D72300)'의 영어 텍스트를 입력합니다.

13 영어 텍스트 아래에 텍스트 상자를 삽입하고 'G 마켓 산스 Bold, 20 pt', '갈색(#512314)'의 핵심 텍스트를 입력합니다.

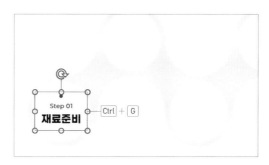

14 빨간색 원 도형, 영어 텍스트, 핵심 텍스트를 전체 선택하고 Ctrl + G 를 눌러 그룹화합니다.

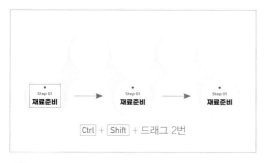

15 그룹 개체를 Ctrl + Shift 를 누른 채 오른쪽으로 두 번 드래그해 그림과 같이 원 도형 안에 각각 복사합니다.

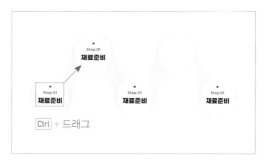

16 그룹 개체 하나를 Ctrl 을 누른 채 위로 드래그해 위에 있는 원 도형 안에 그림과 같이 복사합니다.

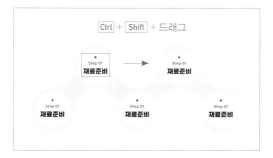

17 복사한 그룹 개체를 Ctrl + Shift 를 누른 채 오른쪽으로 드래그해 그림과 같이 원 도형 안에 복사합니다.

18 각각의 텍스트를 수정하고 상단의 영어 텍스트와 원 도형을 '초록색(#198738)'으로 설정해 주면 완성!

타임라인
다이어그램 사냥

타임라인이란 시간의 경과에 따라 사건을 배열해 놓은 것입니다. 이번 챕터에서는 회사의 연혁이나 개인의 경력 등을 소개할 때 유용한 두 가지 스타일의 타임라인 다이어그램을 만들어보겠습니다.

Lesson 11-1

세로형 타임라인 다이어그램

미리보기　　　　　　　📁 완성파일 | P03\Ch11 타임라인 다이어그램.pptx − 슬라이드 1

먼저 심플한 디자인의 세로형 타임라인 다이어그램을 만들어 볼까요? 여러 가지 기본 도형을 활용해 쉽고 간단하게 만들 수 있는 다이어그램입니다.

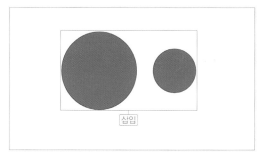

01 [삽입] – [도형] – [기본 도형] – [타원] 두 개를 Shift 를 누른 채 드래그하여 크기를 다르게 삽입합니다.

02 원 도형의 색상을 각각 '검은색'과 '민트색(#9CE6D7)' 그리고 '윤곽선 없음'으로 설정합니다.

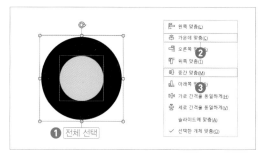

03 도형을 전체 선택해 [홈] – [정렬] – [맞춤] – [가운데 맞춤], [중간 맞춤]을 클릭합니다.

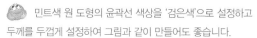 민트색 원 도형의 윤곽선 색상을 '검은색'으로 설정하고 두께를 두껍게 설정하여 그림과 같이 만들어도 좋습니다.

04 Ctrl + G 를 눌러 그룹화하고 그룹 개체의 대각선 꼭짓점을 Shift 를 누른 채 안쪽으로 드래그해 크기를 작게 조절합니다.

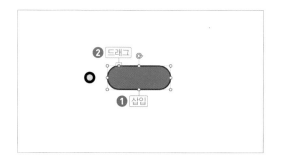

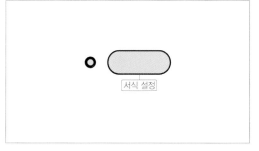

05 그룹 개체 오른쪽에 [삽입] – [도형] – [사각형] – [사각형: 둥근 모서리]를 삽입하고 노란색 조절점을 안쪽으로 드래그해 모서리를 둥글게 만들어 줍니다.

06 도형의 색상은 '민트색(#9CE6D7)', 윤곽선의 색상은 '검은색', 두께는 '1½ pt (1.5 pt)'로 설정합니다.

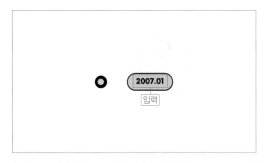

07 모서리가 둥근 사각형에 'G마켓 산스 Bold, 12 pt'의 날짜 텍스트를 입력합니다.

08 도형 오른쪽에 텍스트 상자를 삽입하고 'G마켓 산스 Medium, 12 pt'의 설명 텍스트를 입력합니다.

🐸 그룹 개체와 모서리가 둥근 사각형, 설명 텍스트 사이의 여백이 같아야 정렬되어 보입니다.

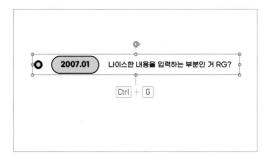

09 그룹 개체, 모서리가 둥근 사각형, 설명 텍스트를 전체 선택해 Ctrl + G 를 눌러 그룹화합니다.

10 Ctrl + Shift 를 누른 채 그룹 개체를 아래로 드래그하고 F4 를 네 번 눌러 그림과 같이 여섯 개의 그룹 개체를 나열합니다.

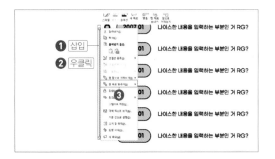

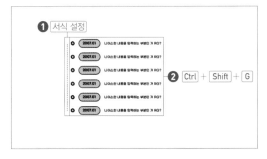

11 왼쪽 여백에 [삽입] - [도형] - [선] - [선]을 Shift 를 누른 채 드래그하여 삽입하고 선을 마우스 오른쪽 버튼으로 클릭 - [맨 뒤로 보내기]를 선택합니다.

🐸 위아래 원 도형에 넘치지 않게 선을 삽입해 주세요.

12 선의 색상은 '진한 회색(#3B3838)', 두께는 '1 pt', 대시는 '파선'으로 설정하고 오른쪽의 그룹 개체를 전체 선택해 Ctrl + Shift + G 를 눌러 그룹을 해제합니다.

13 선을 선택하고 Ctrl 을 누른 채 그룹 개체를 선택한 후 [홈] − [정렬] − [맞춤] − [오른쪽 맞춤], [가운데 맞춤]을 클릭해 선을 맨 뒤에 배치합니다.

14 모서리가 둥근 사각형의 날짜 텍스트와 오른쪽의 설명 텍스트를 각각 수정합니다.

15 [삽입] − [도형] − [사각형] − [사각형: 둥근 모서리]를 타임라인 다이어그램 위에 삽입하고 노란색 조절점을 바깥쪽으로 드래그합니다.

16 색상을 '연두색(#F4F8E5)', 윤곽선 색상은 '연한 회색(#B4B1B2)', 두께는 '1½ pt (0.5 pt)'로 설정합니다.

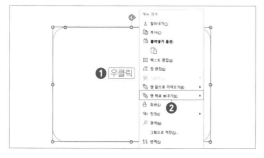

17 모서리가 둥근 사각형을 마우스 오른쪽 버튼으로 클릭하고 [맨 뒤로 보내기]를 선택합니다.

18 위에서 아래로 흐르는 세로형 타임라인 다이어그램을 완성했습니다.

Lesson 11-2

가로형 타임라인 다이어그램

미리보기   📁 완성파일 | P03\Ch11 타임라인 다이어그램.pptx - 슬라이드 2

이번에는 실무에서 가장 많이 사용하는 가로형 타임라인 다이어그램을 만들어 보겠습니다. 타임라인에 해당하는 사진을 추가해서 활용하면 더욱 좋습니다.

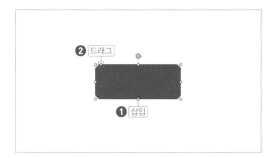

01 [삽입] – [도형] – [사각형] – [사각형: 둥근 모서리]를 삽입한 후 노란색 조절점을 안쪽으로 드래그해 모서리를 둥글게 만들어 줍니다.

02 색상을 '초록색(#198738)', '윤곽선 없음'으로 설정하고 'Montserrat SemiBold, 12 pt', '흰색'의 날짜 텍스트를 입력합니다.

03 도형 아래에 텍스트 상자 두 개를 삽입하고 제목(G마켓 산스 Bold, 14 pt)과 설명(G마켓 산스 Medium, 10 pt) 텍스트를 입력한 후 Ctrl + E 를 눌러 가운데로 정렬합니다.

04 [삽입] – [도형] – [기본 도형] – [타원]을 Shift 를 누른 채 드래그하여 그림과 같이 삽입하고 색상은 '흰색', 윤곽선 색상은 '초록색(#198738)', 두께는 '3 pt'로 설정합니다.

05 원 도형과 텍스트 상자 사이에 [삽입] – [도형] – [선] – [선]을 Shift 를 누른 채 드래그하여 삽입한 후 색상을 '연한 초록색(#B9D7C1)'으로 설정합니다.

06 선을 마우스 오른쪽 버튼으로 클릭 – [도형 서식]을 선택하고 [채우기 및 선] – [선]에서 너비를 '2.25 pt', 대시 종류는 '둥근 점선', 끝 모양 종류는 '원형'으로 설정합니다.

07 모서리가 둥근 사각형과 텍스트 상자 두 개를 모두 선택하고 Ctrl + G 를 눌러 그룹화합니다.

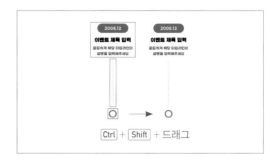

08 그룹 개체, 선, 원 도형을 전체 선택하고 Ctrl + Shift 를 누른 채 오른쪽으로 드래그하여 복사합니다.

09 복사한 선의 길이를 그림과 같이 절반 정도로 조절하고 그룹 개체도 Shift 를 누른 채 아래로 드래그합니다.

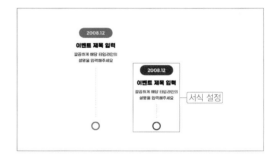

10 모서리가 둥근 사각형의 색상과 원 도형의 윤곽선 색상은 '빨간색(#D72300)', 선의 색상은 '연한 빨간색 (#F4BFB5)'으로 설정합니다.

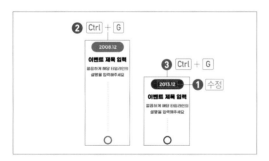

11 날짜 텍스트를 수정하고 그룹 개체, 선, 원 도형을 전체 선택한 후 Ctrl + G 를 눌러 각각 그룹화합니다.

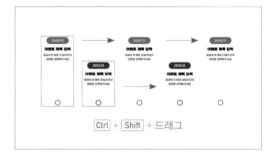

12 초록색 그룹 개체와 빨간색 그룹 개체를 Ctrl + Shift 를 누른 채 각각 오른쪽으로 드래그하여 그림과 같이 총 다섯 개의 그룹 개체를 번갈아 나열합니다.

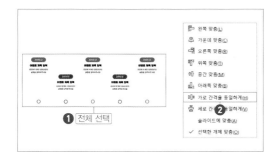

13 다섯 개의 그룹 개체를 전체 선택하고 [홈] – [정렬] – [맞춤] – [가로 간격을 동일하게]를 클릭합니다.

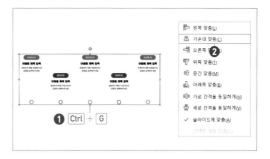

14 Ctrl + G 를 눌러 그룹화하고 [홈] – [정렬] – [맞춤] – [가운데 맞춤]을 클릭해 슬라이드 정가운데에 배치합니다.

15 그룹 개체 아래에 [삽입] – [도형] – [선] – [선]을 Shift 를 누른 채 드래그하여 삽입한 후 선을 마우스 오른쪽 버튼으로 클릭 – [맨 뒤로 보내기]를 선택합니다.

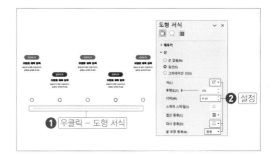

16 다시 선을 마우스 오른쪽 버튼으로 클릭 – [도형 서식]을 선택하고 [채우기 및 선] – [선]에서 색상은 '연한 회색(#D0CECE)', 너비는 '4 pt', 대시 종류는 '둥근 점선', 끝 모양 종류는 '원형'으로 설정합니다.

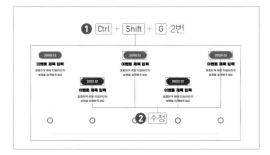

17 그룹 개체를 선택해 Ctrl + Shift + G 를 두 번 눌러 그룹을 전체 해제하고 날짜 텍스트를 각각 수정해 줍니다.

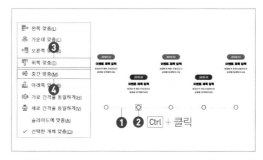

18 선을 클릭하고 Ctrl 을 누른 채 원 도형을 클릭한 후 [홈] – [정렬] – [맞춤] – [위쪽 맞춤], [중간 맞춤]을 클릭하면 완성!

아이콘을 활용한 다이어그램 사냥

텍스트의 양이 많을 때 주제에 어울리는 아이콘으로 텍스트를 대체하면 훨씬 전달력 있는 피피티를 만들 수 있습니다. 이번 챕터에서는 유니크한 네 가지 디자인의 아이콘 다이어그램을 만들어 보겠습니다.

아이콘 나열형 다이어그램 (1)

미리보기   🧳 완성파일 │ P03\Ch12 아이콘을 활용한 다이어그램.pptx – 슬라이드 1

먼저 아이콘 나열형 다이어그램을 만들어 보겠습니다. 아이콘을 나열하기만 했는데 유니크한 느낌을 주는 디자인 방법과 창의적인 도형 변형 방법을 함께 알아보시죠!

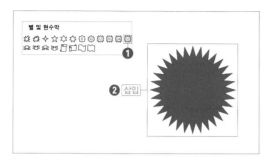

01 [삽입] – [도형] – [별 및 현수막] – [별: 꼭짓점 32개]를 Shift 를 누른 채 드래그하여 삽입합니다.

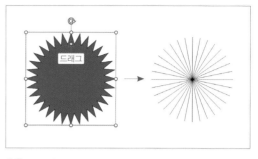

02 도형의 노란색 조절점을 안쪽으로 드래그해 그림과 같이 선만 남도록 만들어 줍니다.

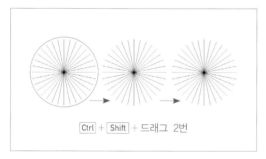

03 Ctrl + Shift 를 누른 채 도형을 오른쪽으로 두 번 드래그하여 총 세 개의 도형을 나열합니다.

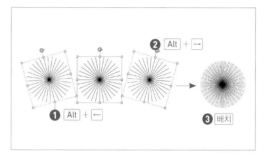

04 왼쪽 도형은 Alt + ←를, 오른쪽 도형은 Alt + →를 한 번 눌러 그림과 같이 회전한 후 가운데 도형에 겹치게 배치합니다.

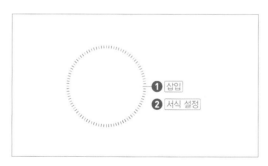

05 [삽입] – [도형] – [기본 도형] – [타원]을 Shift 를 누른 채 드래그하여 그림과 같이 삽입하고 색상은 '흰색', '윤곽선 없음'으로 설정합니다.

Ctrl + Alt + Shift 를 누른 채 원 도형의 대각선 꼭짓점을 드래그해 뒤에 있는 도형이 조금만 보이게 조절합니다.

06 플래티콘(flaticon.com)에서 검은색 아이콘을 다운로드해 그림과 같이 삽입한 후 아이콘 아래에 텍스트 상자를 삽입해 'G마켓 산스 Bold, 14 pt'의 텍스트를 입력합니다.

07 텍스트의 색상을 '남색(#2E2E5A)'과 '핑크색(#F33 05A)'으로 설정합니다.

08 플래티콘(flaticon.com)에서 'check'를 검색하고 마음에 드는 아이콘을 선택해 색상을 '핑크색(#F3305A)' 으로 설정한 후 다운로드합니다.

09 도형 윗부분에 아이콘을 삽입하고 전체 개체를 선택해 Ctrl + G 를 눌러 그룹화한 후 그룹 개체를 Ctrl + Shift 를 누른 채 오른쪽으로 두 번 드래그합니다.

10 세 개의 그룹 개체를 전체 선택하고 [홈] – [정 렬] – [맞춤] – [가로 간격을 동일하게]를 클릭합니다.

11 Ctrl + G 를 눌러 그룹화한 후 [홈] – [정렬] – [맞춤] – [가운데 맞춤]을 클릭해 슬라이드 정가운데 배 치합니다.

12 Ctrl + Shift + G 를 두 번 눌러 그룹을 모두 해제 한 후 아이콘을 교체하고 텍스트를 수정하면 아이콘 나 열형 다이어그램 완성!

아이콘 나열형 다이어그램 (2)

미리보기 　 📁 완성파일 | P03\Ch12 아이콘을 활용한 다이어그램.pptx - 슬라이드 2

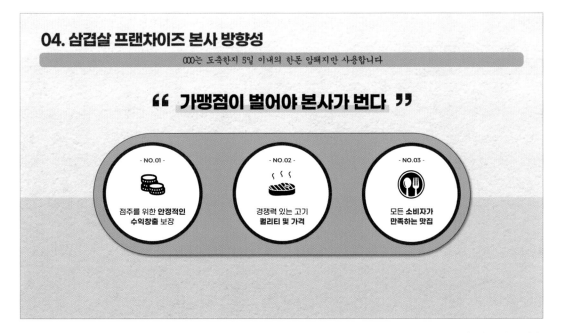

이번에는 모서리가 둥근 사각형과 타원 도형을 활용해 동글동글한 느낌의 아이콘 나열형 다이어그램을 만들어 보겠습니다. 아이콘과 도형을 센스 있게 활용하면 슬라이드가 비어 보이지 않게 디자인할 수 있습니다.

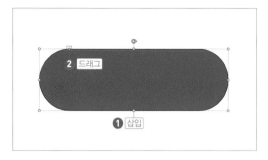

01 [삽입] – [도형] – [사각형] – [사각형: 둥근 모서리]를 삽입한 후 노란색 조절점을 안쪽으로 드래그해 모서리를 둥글게 만들어 줍니다.

02 색상은 '연한 갈색(#B8ACA5)', 윤곽선의 색상은 '진한 회색(#3B3838)', 두께는 '1 pt'로 설정합니다.

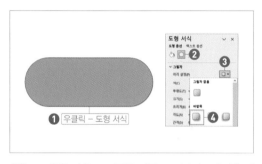

03 도형을 마우스 오른쪽 버튼으로 클릭 – [도형 서식]을 선택한 후 [효과] – [그림자]에서 미리 설정을 '오프셋: 오른쪽 아래'로 선택합니다.

04 [삽입] – [도형] – [기본 도형] – [타원]을 Shift 를 누른 채 드래그하여 그림과 같이 삽입합니다.

원 도형을 삽입할 때 위아래 여백과 왼쪽 여백의 간격이 동일할수록 구조적으로 안정감이 생기는 거 RG?

05 원 도형의 색상은 '흰색', 윤곽선의 색상은 '갈색(#4A2814)', 두께는 '6 pt'로 설정합니다.

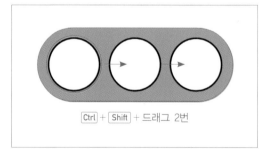

06 원 도형을 Ctrl + Shift 를 누른 채 오른쪽으로 두 번 드래그하여 그림과 같이 배치합니다. 원 도형 사이사이의 간격을 일정하게 통일해 주세요.

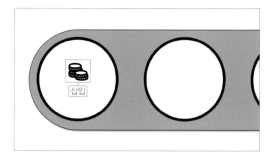

07 플래티콘(flaticon.com)에서 주제에 어울리는 아이콘을 다운로드해 그림과 같이 삽입합니다.

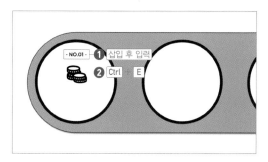

08 아이콘 위에 텍스트 상자를 삽입하고 'Montserrat SemiBold, 11 pt'의 텍스트를 입력한 후 Ctrl + E 를 눌러 가운데로 정렬합니다.

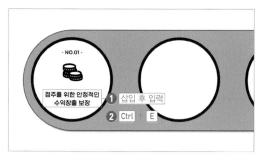

09 아이콘 아래에 텍스트 상자를 삽입하고 'G마켓 산스 Medium, 13 pt'의 설명 텍스트를 입력한 후 Ctrl + E 를 눌러 가운데로 정렬합니다.

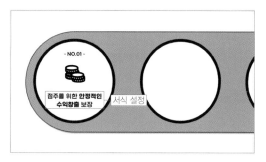

10 설명 텍스트에서 강조할 키워드는 'G마켓 산스 Bold', '갈색(#4A2814)'으로 설정해 주세요.

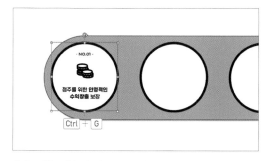

11 원 도형 안의 개체를 전체 선택하고 Ctrl + G 를 눌러 그룹화합니다.

12 그룹 개체를 Ctrl + Shift 를 누른 채 오른쪽으로 드래그하고 F4 를 눌러 원 도형의 정가운데에 각각 배치합니다.

13 [삽입] – [도형] – [사각형] – [직사각형]을 슬라이드 하단에 그림과 같이 삽입하고 색상은 '연한 갈색(#B8ACA5)', '윤곽선 없음'으로 설정합니다.

14 사각형을 마우스 오른쪽 버튼으로 클릭 – [도형 서식]을 선택하고 [채우기 및 선] – [채우기]에서 투명도를 '67%'로 설정합니다.

15 다시 사각형을 마우스 오른쪽 버튼으로 클릭 – [맨 뒤로 보내기]를 선택한 후 텍스트를 수정하고 아이콘을 교체하면 다이어그램이 완성됩니다.

16 다이어그램과 어울리는 디자인으로 템플릿을 완성한 예시입니다. 실무에서 템플릿을 만들 때 예시를 참고하여 디자인해 보세요.

아이콘 박스형 다이어그램

미리보기   📁 완성파일 | P03\Ch12 아이콘을 활용한 다이어그램.pptx − 슬라이드 3

이번에는 네 가지의 포인트 색상을 활용한 아이콘 박스형 다이어그램을 만들어 보겠습니다. 아이콘과 색상을 활용해 주제를 구분하면 시각적인 전달력이 올라갑니다.

01 [삽입] – [도형] – [사각형] – [사각형: 둥근 위쪽 모서리]를 삽입하고 도형의 색상과 윤곽선 색상을 '보라색(#7477F8)', 두께를 '1 pt'로 설정합니다.

02 도형을 Ctrl + Shift 를 누른 채 아래로 드래그한 후 Alt + ← 를 열두 번 눌러 그림과 같이 회전합니다. 복사한 도형의 색상은 '흰색'으로 설정해 주세요.

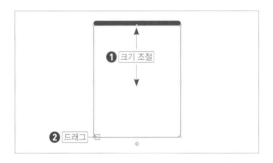

03 복사한 도형의 위아래 꼭짓점을 드래그해 그림과 같이 크기를 조절하고 노란색 조절점을 바깥쪽으로 드래그해 모서리의 둥근 정도를 위에 있는 도형과 비슷하게 만들어 줍니다.

04 플래티콘(flaticon.com)에서 주제에 어울리는 검은색 아이콘을 다운로드해 그림과 같이 삽입합니다.

05 아이콘 아래에 텍스트 상자를 삽입하고 'G마켓 산스 Bold, 16 pt', '보라색(#7477F8)'의 제목 텍스트를 입력합니다.

06 제목 텍스트 아래에 텍스트 상자를 삽입하고 'G마켓 산스 Medium, 12 pt'의 설명 텍스트를 입력합니다.

07 설명 텍스트를 선택하고 [홈] - [줄 간격] - [줄 간격 옵션]을 클릭합니다. 줄 간격은 '배수', 값은 '1.3'으로 설정한 후 [확인]을 클릭합니다.

08 [삽입] - [도형] - [선] - [선]을 Shift 를 누른 채 드래그하여 그림과 같이 삽입하고 색상은 '보라색(#7477F8)', 두께는 '1 pt', 대시는 '파선'으로 설정합니다.

09 전체 개체를 선택하고 Ctrl + G 를 눌러 그룹화합니다. 그룹 개체를 Ctrl + Shift 를 누른 채 오른쪽으로 드래그하고 F4 를 두 번 눌러 줍니다.

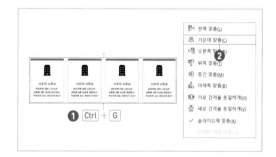

10 그룹 개체를 전체 선택하고 Ctrl + G 를 눌러 그룹화한 후 [홈] - [정렬] - [맞춤] - [가운데 맞춤]을 선택해 슬라이드 정가운데 배치합니다.

11 Ctrl + Shift + G 를 두 번 눌러 전체 그룹을 해제하고 도형, 선, 제목 텍스트의 색상을 '노랑색(#FEB902)', '남색(#3F328B)', '주황색(#F58F31)'으로 설정합니다.

12 제목과 설명 텍스트를 각각 수정하고 주제에 맞는 아이콘으로 교체해 주면 아이콘 박스형 다이어그램이 완성됩니다!

Lesson 12-4

아이콘 순환형 다이어그램

미리보기 📁 완성파일 | P03\Ch12 아이콘을 활용한 다이어그램.pptx – 슬라이드 4

첫번째 아이콘
아이콘에 대한 나이한 설명을
2줄이내로 간단하게 써주기

두번째 아이콘
아이콘에 대한 나이한 설명을
2줄이내로 간단하게 써주기

세번째 아이콘
아이콘에 대한 나이한 설명을
2줄이내로 간단하게 써주기

**6단 순환형
아이콘 공격**

네번째 아이콘
아이콘에 대한 나이한 설명을
2줄이내로 간단하게 써주기

다섯번째 아이콘
아이콘에 대한 나이한 설명을
2줄이내로 간단하게 써주기

여섯번째 아이콘
아이콘에 대한 나이한 설명을
2줄이내로 간단하게 써주기

이번에는 회사의 비전이나 미션 등을 나타낼 때 활용하기 좋은 아이콘 순환형 다이어그램을 만들어 보겠습니다. 깔끔하면서도 시선을 사로잡는 디자인의 다이어그램을 함께 만들어 보시죠!

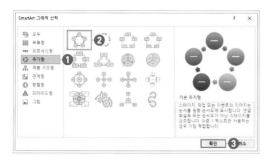

01 [삽입] - [SmartArt]를 클릭해 [SmartArt 그래픽 선택] 대화상자를 열고 [주기형] - [기본 주기형]을 선택한 후 [확인]을 클릭합니다.

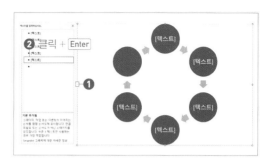

02 스마트아트의 왼쪽 가운데에 있는 화살표를 클릭하고 왼쪽 텍스트 입력창을 클릭한 후 Enter를 눌러 여섯 개의 순환형 구조를 만들어 줍니다.

03 스마트아트를 선택하고 Ctrl + Shift + G를 두 번 눌러 그룹을 해제한 후 필요 없는 화살표들은 Delete를 눌러 삭제합니다.

04 원 도형의 색상은 모두 '흰색', 윤곽선의 색상은 각각 '핑크색(#F803CC)', '파란색(#206FE7)', '보라색(#843EDB)', 두께는 '1½ pt (1.5 pt)'로 설정합니다.

05 플래티콘(flaticon.com)에서 아이콘 하나를 다운로드해 원 도형에 삽입하고 Ctrl + Shift + 드래그와 Shift + 드래그를 활용해 그림과 같이 배치합니다.

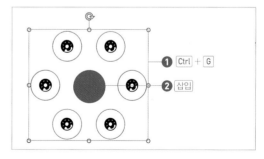

06 개체를 전체 선택하고 Ctrl + G를 눌러 그룹화한 후 그룹 개체 안쪽에 [삽입] - [도형] - [기본 도형] - [타원]을 Shift를 누른 채 드래그하여 삽입합니다.

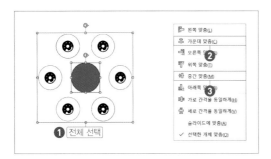

07 그룹 개체와 원 도형을 전체 선택하고 [홈] – [정렬] – [맞춤] – [가운데 맞춤], [중간 맞춤]을 클릭해 정렬합니다.

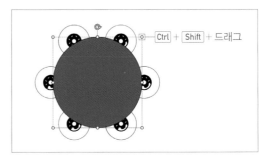

08 Ctrl + Shift 를 누른 채 원 도형의 대각선 꼭짓점을 드래그해 그림과 같이 크기를 조절합니다.

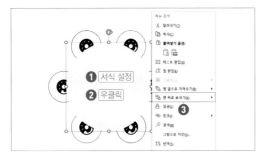

09 원 도형의 색상을 '회색(#F2F2F2)', '윤곽선 없음'으로 설정하고 마우스 오른쪽 버튼으로 클릭 – [맨 뒤로 보내기]를 선택합니다.

10 슬라이드 오른쪽 상단에 [삽입] – [도형] – [사각형] – [직사각형]을 삽입하고 색상은 '파란색(#206FE7)', '윤곽선 없음'으로 설정합니다.

11 사각형 오른쪽에 텍스트 상자 두 개를 삽입하고 '파란색(#206FE7)'의 제목(G마켓 산스 Bold, 14 pt)과 설명(G마켓 산스 Medium, 12 pt) 텍스트를 입력합니다.

🐸 설명 텍스트의 길이에 따라 [줄 간격 옵션]에서 줄 간격의 값을 적당히 조절해 주는 거 RG?

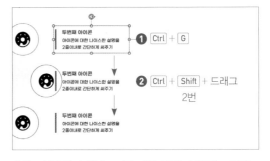

12 사각형과 텍스트 두 개를 전체 선택하고 Ctrl + G 를 눌러 그룹화한 후 그룹 개체를 Ctrl + Shift 를 누른 채 아래로 두 번 드래그하여 복사합니다.

13 중간에 있는 그룹 개체는 Shift 를 누른 채 오른쪽으로 드래그하여 이동합니다.

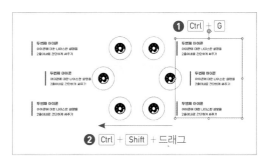

14 세 개의 그룹 개체를 전체 선택해 Ctrl + G 를 눌러 그룹화하고 그룹 개체를 Ctrl + Shift 를 누른 채 왼쪽으로 드래그하여 복사합니다.

15 [홈] - [정렬] - [회전] - [좌우 대칭]을 클릭하고 Ctrl + R 을 눌러 텍스트를 오른쪽으로 정렬합니다.

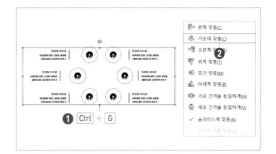

16 텍스트 그룹 개체를 전체 선택해 Ctrl + G 를 눌러 그룹화하고 [홈] - [정렬] - [맞춤] - [가운데 맞춤]을 클릭해 정렬합니다.

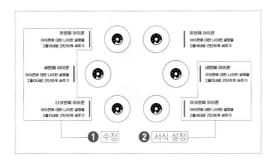

17 제목과 설명 텍스트를 각각 수정한 후 제목 텍스트와 사각형의 색상을 '핑크색(#F803CC)'과 '보라색(#843EDB)'으로 설정합니다.

18 각각의 아이콘을 교체하고 회색 도형 정가운데에 텍스트 상자를 삽입한 후 'G마켓 산스 Bold, 20 pt'의 주제 텍스트를 입력하면 아이콘 순환형 다이어그램 완성!

사진을 활용한
다이어그램 사냥

피피티에 사진이나 영상과 같은 시각 자료를 넣으면 발표의 내
용을 더 명확하게 전달할 수 있습니다. 이번 챕터에서는 사진
을 활용한 세 가지 다이어그램을 만들어 보며 어떻게 해야 사
진을 효과적으로 배치할 수 있는지 알아보겠습니다.

Lesson 13-1

사진 설명형
다이어그램

미리보기   📁 완성파일 | P03\Ch13 사진을 활용한 다이어그램.pptx – 슬라이드 1

01.

제목입력 공간

사진에 대해서 설명을 2줄 정도로
요약하여 간결한 내용을 입력해줍니다

02.

제목입력 공간

사진에 대해서 설명을 2줄 정도로
요약하여 간결한 내용을 입력해줍니다

03.

제목입력 공간

사진에 대해서 설명을 2줄 정도로
요약하여 간결한 내용을 입력해줍니다

먼저 사진 설명형 다이어그램을 만들어 보겠습니다. 슬라이드에 여러 장의 사진을 넣을 때는 사진에 시선이 가도록 한 두 가지의 포인트 색상만 사용하는 것이 좋습니다.

01 펙셀스(pexels.com)에서 'christmas'를 검색해 마음에 드는 사진 세 장을 다운로드한 후 삽입합니다.

02 [삽입] – [도형] – [사각형] – [직사각형]을 삽입하고 사각형 위에 텍스트 상자를 삽입한 후 'G마켓 산스 Medium, 14 pt'로 설명 텍스트를 입력합니다.

03 설명 텍스트를 선택하고 [홈] – [줄 간격] – [줄 간격 옵션]에서 줄 간격을 '배수', 값을 '1.3'으로 설정한 후 [확인]을 클릭합니다.

04 설명 텍스트 위에 그림과 같이 텍스트 상자를 삽입하고 'G마켓 산스 Bold, 24 pt'의 제목 텍스트를 입력합니다.

05 제목 텍스트 위에 텍스트 상자를 삽입하고 'G마켓 산스 Medium, 16 pt', '핑크색(#F0099D)'의 숫자 텍스트를 입력합니다.

06 제목과 설명 텍스트 사이에 [삽입] – [도형] – [사각형] – [직사각형]을 삽입하고 색상은 '연한 핑크색(#FA8CD3)', '윤곽선 없음'으로 설정합니다.

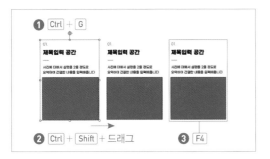

07 개체를 전체 선택해 Ctrl + G 를 눌러 그룹화합니다. Ctrl + Shift 를 누른 채 그룹 개체를 오른쪽으로 드래그하고 F4 를 눌러 총 세 개의 그룹 개체를 나열합니다.

08 그룹 개체를 전체 선택하고 Ctrl + G 를 눌러 그룹화한 후 [홈] - [정렬] - [맞춤] - [가운데 맞춤]을 클릭합니다.

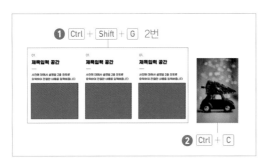

09 Ctrl + Shift + G 를 두 번 눌러 모든 그룹을 해제하고 **01**에서 삽입한 사진 중 한 장을 Ctrl + C 를 눌러 복사합니다.

10 첫 번째 도형을 마우스 오른쪽 버튼으로 클릭 - [도형 서식]을 선택하고 [채우기 및 선] - [채우기]에서 '그림 또는 질감 채우기'를 선택한 후 [클립보드]를 클릭합니다.

11 **09~10**과 같은 방법으로 두 번째, 세 번째 도형에도 차례대로 사진을 복사하여 삽입합니다.

12 첫 번째 사진을 선택하고 상단의 [그림 서식] - [자르기(자르기)] - [채우기]를 클릭합니다.

13 Shift 를 누른 채 프레임 안에서 사진을 드래그해 원하는 부분이 보이게 배치합니다.

14 두 번째, 세 번째 사진도 **12~13**과 같은 방법으로 원하는 부분이 보이게 편집해 줍니다.

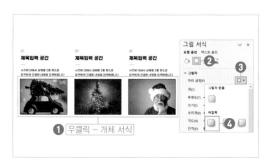

15 사진을 전체 선택해 마우스 오른쪽 버튼으로 클릭 – [개체 서식]을 선택하고 [효과] – [그림자]에서 미리 설정을 '오프셋: 오른쪽 아래'로 선택합니다.

16 사진을 배경과 확실하게 구분하기 위해 사진의 윤곽선 색상을 '검은색', 두께를 '1 pt'로 설정하고 숫자 텍스트를 수정하면 사진 설명형 다이어그램 완성!

사진 묶음형 다이어그램

미리보기 📁 완성파일 | P03\Ch13 사진을 활용한 다이어그램.pptx – 슬라이드 2

---

01. 난 꿈이 있었죠..

나이스한 내용을 나이스하게 레쓰고하면 되는 부분

02. 버려지고 찢겨

나이스한 내용을 나이스하게 레쓰고하면 되는 부분

03. 남루하여도

나이스한 내용을 나이스하게 레쓰고하면 되는 부분

04. 내 가슴속 깊이

나이스한 내용을 나이스하게 레쓰고하면 되는 부분

이번에는 과정을 단계별로 설명할 때 활용하기 좋은 사진 묶음형 다이어그램을 만들어 보겠습니다. 선으로 텍스트와 사진을 구분해 놓은 고급스럽고 깔끔한 디자인의 다이어그램입니다.

01 펙셀스(pexels.com)에서 'duck'을 검색해 마음에 드는 사진 네 장을 다운로드한 후 삽입합니다.

02 [삽입] - [도형] - [사각형] - [직사각형]을 삽입하고 윤곽선의 색상을 '윤곽선 없음'으로 설정합니다.

03 사각형 위에 텍스트 상자 두 개를 삽입하고 제목(G마켓 산스 Bold, 15 pt)과 설명(G마켓 산스 Medium, 12 pt) 텍스트를 입력합니다.

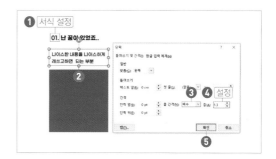

04 숫자를 '보라색(#3C1BC2)'으로 설정하고 설명 텍스트를 선택해 [홈] - [줄 간격] - [줄 간격 옵션]에서 줄 간격을 '배수', 값을 '1.3'으로 설정한 후 [확인]을 클릭합니다.

05 [삽입] - [도형] - [선] - [선]을 Shift 를 누른 채 드래그하여 그림과 같이 삽입하고 색상은 '연한 보라색(#D4CCF8)', 두께는 '½ pt (0.5 pt)'로 설정합니다.

🐢 사각형의 너비에 맞춰 선을 삽입하는 것이 깔끔하게 정렬되어 보입니다.

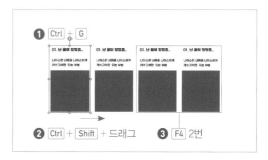

06 개체를 전체 선택하고 Ctrl + G 를 눌러 그룹화합니다. 그룹 개체를 Ctrl + Shift 를 누른 채 오른쪽으로 드래그한 후 F4 를 두 번 눌러 줍니다.

07 그룹 개체를 전체 선택해 `Ctrl` + `G`를 눌러 그룹화하고 [홈] - [정렬] - [맞춤] - [가운데 맞춤]을 클릭한 후 `Ctrl` + `Shift` + `G`를 두 번 눌러 전체 그룹을 해제합니다.

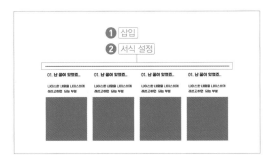

08 [삽입] - [도형] - [선] - [선]을 `Shift`를 누른 채 드래그하여 맨 위에 삽입한 후 색상은 '보라색(#3C1BC2)', 두께는 '2¼ pt (2.25 pt)'로 설정합니다.

🐸 아래에 있는 사각형의 왼쪽 끝부분과 오른쪽 끝부분에 맞춰 선을 삽입합니다.

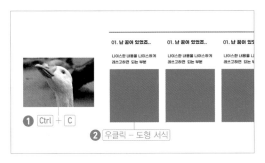

09 **01**에서 삽입한 사진을 `Ctrl` + `C`를 눌러 복사하고 첫 번째 도형을 마우스 오른쪽 버튼으로 클릭 - [도형 서식]을 선택합니다.

10 [채우기 및 선] - [채우기]에서 '그림 또는 질감 채우기'를 선택하고 [클립보드]를 클릭합니다. 나머지 사진도 같은 방법으로 도형 안에 넣어 주세요.

11 첫 번째 사진을 선택하고 상단의 [그림 서식] - [자르기(자르기)] - [채우기]를 클릭한 후 `Shift`를 누른 채 사진을 드래그해 원하는 부분이 보이도록 배치합니다.

12 두 번째~네 번째 사진도 **11**과 같은 방법으로 편집한 후 제목 텍스트를 각각 수정하면 사진 묶음형 다이어그램이 완성됩니다!

사진 나열형 다이어그램

미리보기　　　　📁 완성파일 | P03\Ch13 사진을 활용한 다이어그램.pptx – 슬라이드 3

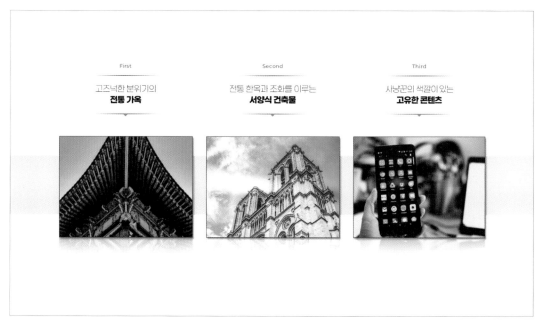

사진의 특징이나 장점을 설명할 때 사용하기 좋은 사진 나열형 다이어그램을 만들어 볼까요? 간단하지만 고급스러워 보이는 디자인 요소도 함께 만들어 봅니다.

01 펙셀스(pexels.com)에서 주제에 어울리는 사진 세 장을 검색해 다운로드한 후 삽입합니다.

02 [삽입] – [도형] – [선] – [선]을 Shift 를 누른 채 드래그하여 삽입한 후 윤곽선의 두께를 '1½ pt (1.5 pt)'로 설정합니다.

03 선을 Ctrl + Shift 를 누른 채 아래로 드래그하여 복사해 줍니다.

04 두 개의 선을 전체 선택하고 마우스 오른쪽 버튼 으로 클릭 – [개체 서식]을 선택합니다.

05 [채우기 및 선] – [선]에서 '그라데이션 선'을 선 택하고 각도는 '0'으로 설정한 후 그라데이션 중지점의 드래그바를 세 개만 남겨 줍니다.

그라데이션 중지점의 드래그바를 아래로 드래그하면 삭제할 수 있습니다.

06 왼쪽 드래그바(색상: #FFFFFF, 위치: 0%), 가운 데 드래그바(색상: #6B9336, 위치: 50%), 오른쪽 드래 그바(색상: #FFFFFF, 위치: 100%)의 색상과 위치를 각 각 설정합니다.

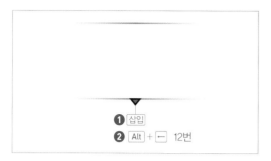

07 [삽입] – [도형] – [기본 도형] – [이등변 삼각형]을 Shift 를 누른 채 드래그하여 삽입하고 Alt + ← 를 열두 번 눌러 그림과 같이 배치합니다.

08 색상은 '연두색(#6B9336)', '윤곽선 없음'으로 설정합니다.

09 텍스트 상자를 그림과 같이 삽입해 'Montserrat Semi Bold, 10 pt', '회색(#747474)'의 영어 텍스트를 입력하고 Ctrl + E 를 눌러 가운데로 정렬합니다.

10 선 사이에 텍스트 상자를 삽입하고 '15 pt'의 'G마켓 산스 Light'와 'G마켓 산스 Bold'로 제목 텍스트를 입력한 후 Ctrl + E 를 눌러 가운데로 정렬합니다.

11 [삽입] – [도형] – [사각형] – [직사각형]을 그림과 같이 삽입하고 색상은 '채우기 없음', 윤곽선의 색상은 '검은색', 두께는 '1 pt'로 설정합니다.

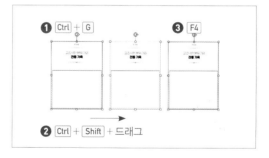

12 개체를 전체 선택해 Ctrl + G 를 눌러 그룹화하고 그룹 개체를 Ctrl + Shift 를 누른 채 오른쪽으로 드래그한 후 F4 를 눌러 줍니다.

13 그룹 개체를 전체 선택해 Ctrl + G 를 눌러 그룹화하고 [홈] – [정렬] – [맞춤] – [가운데 맞춤]을 클릭한 후 Ctrl + Shift + G 를 두 번 눌러 모든 그룹을 해제합니다.

14 01에서 삽입한 사진 한 장을 Ctrl + C 를 눌러 복사한 후 첫 번째 도형을 마우스 오른쪽 버튼으로 클릭 – [도형 서식]을 선택합니다.

15 [채우기 및 선] – [채우기]에서 '그림 또는 질감 채우기'를 선택한 후 [클립보드]를 클릭합니다. 나머지 사진도 같은 방법으로 도형 안에 넣어 주세요.

16 첫 번째 사진을 선택하고 상단의 [그림 서식] – [자르기( )] – [채우기]를 클릭한 후 Shift 를 누른 채 사진을 드래그해 원하는 부분이 보이게 배치합니다.

17 두 번째~세 번째 사진도 **16**과 같은 방법으로 편집한 후 영어 텍스트와 제목 텍스트를 각각 수정합니다.

18 [삽입] – [도형] – [사각형] – [직사각형]을 그림과 같이 삽입하고 색상은 '연한 연두색(#BED99B)', '윤곽선 없음'으로 설정합니다.

19 사각형을 마우스 오른쪽 버튼으로 클릭 – [도형 서식]을 선택하고 [채우기 및 선] – [채우기]에서 투명 도를 '40%'로 설정합니다.

20 다시 사각형을 마우스 오른쪽 버튼으로 클릭 – [맨 뒤로 보내기]를 선택합니다.

21 사진을 전체 선택하고 마우스 오른쪽 버튼으로 클릭 – [개체 서식]을 선택한 후 [효과] – [그림자]에서 미리 설정을 '오프셋: 오른쪽 아래'로 선택합니다.

22 사진에 반사 효과를 주기 위해 [효과] – [반사]에 서 미리 설정을 '근접 반사: 터치'로 선택합니다.

23 반사 효과를 디테일하게 조정하기 위해 투명도를 '67%', 크기를 '22%'로 설정합니다.

24 심플하면서 고급스러운 디자인의 사진 나열형 다 이어그램이 완성되었습니다.

막대 차트 다이어그램 사냥

보고서나 발표 자료에 차트를 넣으면 설득력이 높아지겠죠?
이번 챕터에서는 심심한 디자인의 기본 차트 대신 사용할 수 있는
다섯 가지 막대 차트 다이어그램을 만들어 보겠습니다. 막대 차트
치트키 레쓰고!

세로 막대 차트 다이어그램

미리보기

💼 완성파일 | P03\Ch14 막대 차트 다이어그램.pptx – 슬라이드 1

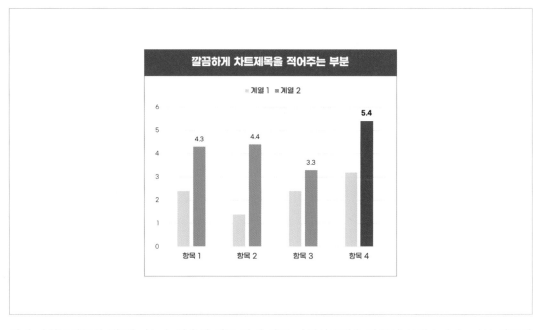

먼저 파워포인트의 '차트' 기능을 활용해 세로 막대 차트 다이어그램을 만들어 보겠습니다. 기본 차트의 폰트나 색상만 수정해도 디자인이 한층 업그레이드됩니다.

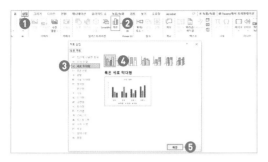

01 [삽입] – [차트]를 클릭한 후 [차트 삽입] 대화상자에서 [세로 막대형] – [묶은 세로 막대형]을 선택하고 [확인]을 클릭합니다.

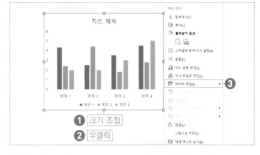

02 차트의 크기를 조금 작게 조절하고 마우스 오른쪽 버튼으로 클릭 – [데이터 편집]을 선택합니다.

03 D열을 마우스 오른쪽 버튼으로 클릭 – [삭제]를 선택합니다.

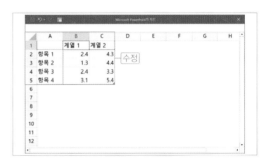

04 엑셀 시트의 데이터를 그림과 같이 임의로 수정해 줍니다.

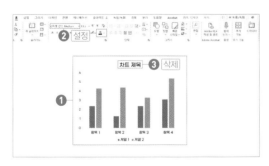

05 차트를 선택하고 상단 메뉴에서 텍스트를 'G마켓 산스 Medium', '검은색'으로 설정한 후 '차트 제목' 텍스트는 삭제합니다.

차트를 선택하고 텍스트의 폰트와 색상을 설정하면 차트 안에 있는 모든 텍스트의 설정이 변경됩니다.

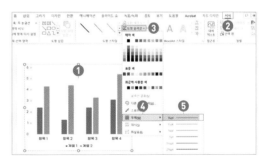

06 차트 뒤의 눈금선을 클릭하고 [서식] – [도형 윤곽선]에서 두께를 '¼ pt (0.25 pt)'로 설정합니다.

차트 뒤의 눈금선은 차트를 보조하는 역할이기 때문에 눈에 띄지 않게 얇은 선으로 변경하는 것이 좋습니다.

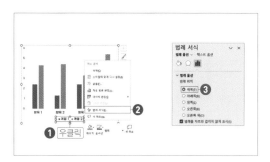

07 아래쪽의 범례를 마우스 오른쪽 버튼으로 클릭하고 [범례 서식]을 선택한 후 [범례 옵션]에서 범례 위치를 '위쪽'으로 선택합니다.

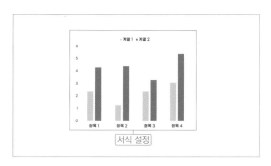

08 계열 1의 차트 색상은 '회색(#D0CECE)', 계열 2의 차트 색상은 '연한 보라색(#AC83B8)'으로 설정합니다.

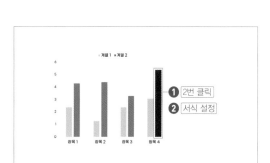

09 수치가 가장 높은 오른쪽 막대 차트를 두 번 클릭하고 색상을 '보라색(#753188)'으로 설정합니다.

막대를 한 번 클릭하면 계열 전체의 서식을 변경할 수 있고, 두 번 클릭하면 두 번 클릭한 막대만 변경할 수 있습니다.

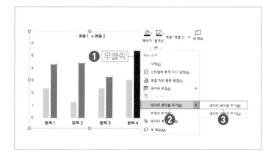

10 보라색 계열의 막대 차트를 선택하고 마우스 오른쪽 버튼으로 클릭 - [데이터 레이블 추가] - [데이터 레이블 추가]를 선택합니다.

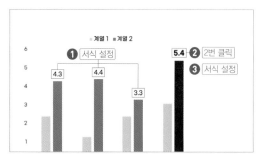

11 데이터 레이블 텍스트를 'G마켓 산스 Medium'으로 설정하고 가장 수치가 높은 데이터 레이블을 두 번 클릭해 'G마켓 산스 Bold, 14 pt'로 설정합니다.

Ctrl + ↑, ↓로 텍스트의 크기를 조절할 수 있는 부분인 거 RG?

12 [삽입] - [도형] - [사각형] - [직사각형]을 슬라이드 상단에 삽입하고 도형의 색상과 윤곽선의 색상은 '보라색(#753188)', 윤곽선의 두께는 '1 pt'로 설정합니다.

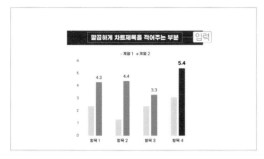

13 사각형 위에 'G마켓 산스 Bold, 18 pt', '흰색'의 제목 텍스트를 입력합니다.

14 사각형을 Ctrl + Shift 를 누른 채 아래로 드래그하여 복사합니다.

15 복사한 사각형의 위아래 꼭짓점을 드래그해 그림과 같이 크기를 조절하고 텍스트를 삭제합니다.

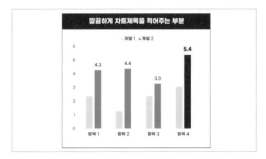

16 복사한 사각형의 색상을 '채우기 없음'으로 설정하면 세로 막대 차트 다이어그램 만들기 완성!

가로 막대 차트 다이어그램

미리보기　　　　　　　　📁 완성파일 | P03\Ch14 막대 차트 다이어그램.pptx – 슬라이드 2

여러 가지 항목의 수치를 순위로 나타낼 때 사용하기 좋은 가로 막대 차트 다이어그램을 만들어 보겠습니다. 순위에 따라 색상과 폰트의 차이를 주면 시각적으로 더욱 눈에 띄는 다이어그램을 만들 수 있습니다.

01 [삽입] – [도형] – [사각형] – [직사각형]을 삽입해 색상은 '회색(#D0CECE)', '윤곽선 없음'으로 설정하고 Ctrl + Shift 를 누른 채 아래로 드래그합니다.

02 회색 도형에 'G마켓 산스 Bold, 12 pt'의 수치 텍스트를 입력하고 Ctrl + R 을 눌러 오른쪽으로 정렬합니다.

03 복사한 도형의 색상을 '갈색(#4C2914)'으로 설정하고 'G마켓 산스 Bold, 12 pt', '흰색'의 순위 텍스트를 입력한 후 Ctrl + L 을 눌러 왼쪽으로 정렬합니다.

04 갈색 도형을 Shift 를 누른 채 드래그해 회색 도형 위에 겹친 후 갈색 도형의 너비를 조절합니다. 도형을 전체 선택해 Ctrl + G 를 눌러 그룹화합니다.

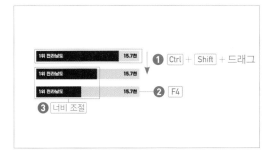

05 그룹 개체를 Ctrl + Shift 를 누른 채 아래로 드래그하고 F4 를 눌러 총 세 개의 그룹 개체를 나열한 후 두 번째, 세 번째 갈색 도형의 너비를 조절합니다.

06 그룹 개체를 전체 선택해 Ctrl + Shift + G 를 눌러 그룹을 해제하고 두 번째, 세 번째 도형의 순위 텍스트와 수치 텍스트를 수정합니다.

07 두 번째, 세 번째 갈색 도형과 수치 텍스트의 색상을 '연한 갈색(#876F62)'으로 설정합니다.

08 1위 차트가 강조되어 보이도록 2, 3위의 순위 텍스트를 'G마켓 산스 Medium'으로 설정합니다.

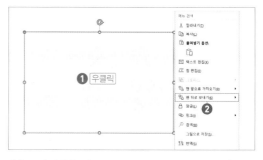

09 차트 위에 [삽입] – [도형] – [사각형] – [직사각형]을 삽입하고 색상은 '연한 회색(#F2F2F2)', '윤곽선 없음'으로 설정합니다.

10 사각형을 마우스 오른쪽 버튼으로 클릭 – [맨 뒤로 보내기]를 선택합니다.

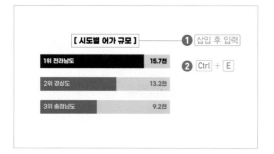

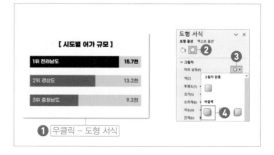

11 사각형 상단에 텍스트 상자를 삽입하고 'G마켓 산스 Bold, 16 pt'의 제목 텍스트를 입력한 후 Ctrl + E 를 눌러 가운데로 정렬합니다.

12 사각형을 마우스 오른쪽 버튼으로 클릭 – [도형 서식]을 선택하고 [효과] – [그림자]에서 미리 설정을 '오프셋: 오른쪽 아래'로 선택하면 완성!

게이지형 막대 차트 다이어그램 (1)

미리보기   완성파일 | P03\Ch14 막대 차트 다이어그램.pptx – 슬라이드 3

이번에는 귀여운 스타일의 게이지형 막대 차트 다이어그램을 만들어 보겠습니다. 직전 동작을 반복하는 단축키 F4 를 활용하면 빠르고 효율적으로 다이어그램을 만들 수 있습니다.

01 [삽입] – [도형] – [사각형] – [사각형: 둥근 모서리]를 삽입하고 색상을 '회색(#D0CECE)', '윤곽선 없음'으로 설정합니다.

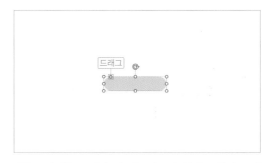

02 귀여운 느낌의 차트를 만들기 위해 도형의 노란색 조절점을 안쪽으로 드래그해 모서리를 둥글게 만들어 줍니다.

03 도형 위에 텍스트 상자를 삽입하고 'G마켓 산스 Bold, 20 pt'의 수치 텍스트를 입력한 후 Ctrl + E 를 눌러 가운데로 정렬합니다.

04 회색 도형을 Ctrl + Shift 를 누른 채 아래로 드래그하고 F4 를 여덟 번 눌러 총 열 개의 도형을 나열합니다.

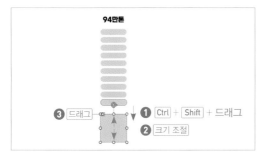

05 열 번째 도형을 Ctrl + Shift 를 누른 채 아래로 드래그해 복사하고 흰색 꼭짓점과 노란색 조절점을 드래그해 정사각형 모양으로 만들어 줍니다.

06 복사한 도형의 색상을 '채우기 없음', 윤곽선의 색상은 '노란색(#F5A832)', 두께를 '1½ pt (1.5 pt)'로 설정합니다.

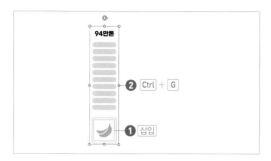

07 플래티콘(flaticon.com)에서 '노란색(#F5A832)'으로 변경한 아이콘을 다운로드해 삽입하고 모든 개체를 전체 선택해 Ctrl + G 를 눌러 그룹화합니다.

08 Ctrl + Shift 를 누른 채 그룹 개체를 오른쪽으로 드래그하고 F4 를 눌러 세 개의 그룹을 나열합니다.

09 그룹 개체를 전체 선택해 Ctrl + G 를 눌러 그룹화하고 [홈] - [정렬] - [맞춤] - [가운데 맞춤]을 클릭한 후 Ctrl + Shift + G 를 두 번 눌러 그룹을 해제합니다.

10 두 번째, 세 번째 도형의 윤곽선 색상을 '핑크색(#ED3F9E)', '초록색(#18BA81)'으로 설정한 후 상단의 수치 텍스트를 수정합니다.

11 회색 도형을 '노란색(#F5A832)', '핑크색(#ED3F9E)', '초록색(#18BA81)'으로 설정하여 수치에 따른 게이지를 표현합니다.

12 플래티콘(flaticon.com)에서 '핑크색(#ED3F9E)', '초록색(#18BA81)'으로 변경한 아이콘을 다운로드해 삽입하면 게이지형 막대 차트 다이어그램 완성!

Lesson 14-4 게이지형 막대 차트 다이어그램 (2)

미리보기　　　　　　🗂 완성파일 | P03\Ch14 막대 차트 다이어그램.pptx – 슬라이드 4

앞에서 귀여운 스타일의 게이지형 막대 차트 다이어그램을 만들어 보았다면 이번에는 목표 달성률을 나타낼 때 활용하기 좋은 깔끔한 디자인의 게이지형 막대 차트 다이어그램을 만들어 보겠습니다.

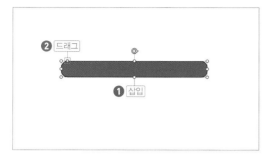

01 [삽입] - [도형] - [사각형] - [사각형: 둥근 모서리]를 가로로 길게 삽입하고 노란색 조절점을 안쪽으로 드래그해 모서리를 둥글게 만듭니다.

02 색상은 '채우기 없음', 윤곽선 색상은 '핑크색(#CD319F)', 두께는 '2¼ pt (2.25 pt)'로 설정합니다.

03 도형을 Ctrl + Shift 를 누른 채 아래로 드래그해 복사하고 복사한 도형의 색상을 '연한 핑크색(#F5D6EC)', '윤곽선 없음'으로 설정합니다.

04 복사한 도형의 너비를 조절하고 'G마켓 산스 Bold, 18 pt'의 항목 텍스트를 입력한 후 Ctrl + L 을 눌러 왼쪽으로 정렬합니다.

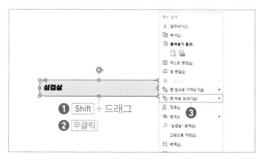

05 Shift 를 누른 채 연한 핑크색 도형을 위로 드래그해 그림과 같이 겹친 후 마우스 오른쪽 버튼으로 클릭 - [맨 뒤로 보내기]를 선택합니다.

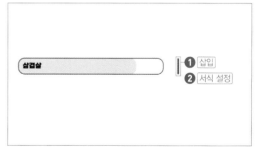

06 도형 오른쪽에 [삽입] - [도형] - [사각형] - [직사각형]을 그림과 같이 삽입하고 색상은 '핑크색(#CD319F)', '윤곽선 없음'으로 설정합니다.

07 사각형 오른쪽에 텍스트 상자를 삽입하고 'G마켓 산스 Medium, 12 pt'의 설명 텍스트를 입력합니다.

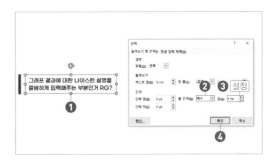

08 설명 텍스트를 선택하고 [홈] – [줄 간격] – [줄 간격 옵션]에서 줄 간격을 '배수', 값을 '1.14'로 설정한 후 [확인]을 클릭합니다.

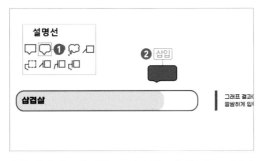

09 [삽입] – [도형] – [설명선] – [말풍선: 모서리가 둥근 사각형]을 그림과 같이 삽입합니다.

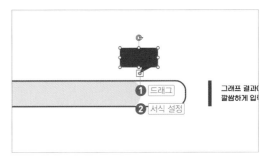

10 노란색 조절점을 드래그해 말풍선의 끝부분이 막대 차트를 향하도록 조정하고 색상을 '핑크색(#CD319F)', '윤곽선 없음'으로 설정합니다.

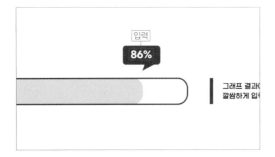

11 도형에 'G마켓 산스 Bold, 16 pt', '흰색'의 수치 텍스트를 입력합니다.

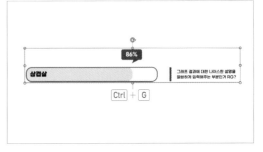

12 모든 개체를 전체 선택하고 Ctrl + G 를 눌러 그룹화합니다.

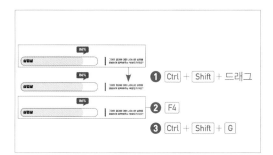

13 그룹 개체를 Ctrl + Shift 를 누른 채 아래로 드래
그하고 F4 를 눌러 총 세 개의 그룹 개체를 나열한 후
Ctrl + Shift + G 를 눌러 전체 그룹을 해제합니다.

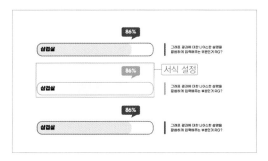

14 두 번째 도형의 색상을 '초록색(#75BE42)'과 '연
한 초록색(#E3F2D9)'으로 설정합니다.

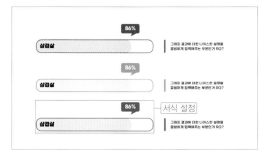

15 세 번째 도형의 색상은 '파란색(#4D75BD)'과 '연
한 파란색(#DBE3F2)'으로 설정합니다.

16 항목, 수치, 설명 텍스트를 각각 수정하고 게이지
를 나타내는 도형의 너비를 조절해 주면 완성!

Chapter

15

원형 차트 다이어그램 사냥

이번 챕터에서는 다섯 가지 유니크한 디자인의 원형 차트 다이어그램을 만들어 보겠습니다. 원형 차트는 어떤 대상이 전체에서 차지하는 비율을 명확하게 보여 주기 때문에 설문조사 결과나 시장 점유율을 분석하는 자료를 만들 때 유용합니다.

Lesson 15-1

기본 원형 차트 다이어그램

미리보기　　📁 완성파일 ┃ P03\Ch15 원형 차트 다이어그램.pptx – 슬라이드 1

먼저 기본 원형 차트 다이어그램을 만들어 보겠습니다. 기본 차트의 폰트나 색상 등을 살짝만 변경해도 호불호 없는 나이스한 디자인의 다이어그램을 만들 수 있습니다.

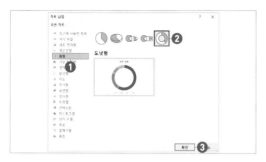

01 [삽입] – [차트]를 클릭하고 [원형] – [도넛형]을 선택한 후 [확인]을 클릭해 도넛형 차트를 삽입합니다.

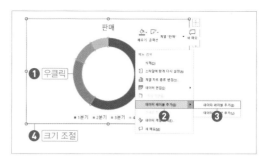

02 도넛형 차트를 마우스 오른쪽 버튼으로 클릭 – [데이터 레이블 추가] – [데이터 레이블 추가]를 클릭하고 차트의 크기를 조절합니다.

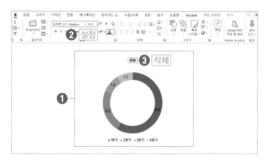

03 차트를 선택하고 텍스트를 'G마켓 산스 Medium, 10.5 pt', '검은색'으로 설정한 후 '판매' 텍스트를 삭제합니다.

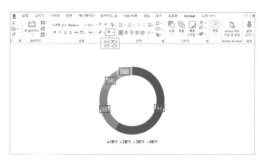

04 데이터 레이블 텍스트만 선택해 색상을 '흰색'으로 설정해 주세요.

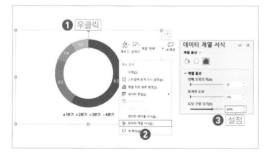

05 도넛형 차트를 마우스 오른쪽 버튼으로 클릭 – [데이터 계열 서식]을 선택한 후 [계열 옵션]에서 도넛 구멍 크기를 '60%'로 설정합니다.

🫕 도넛 구멍의 크기가 작으면 차트의 데이터가 잘 안 보이기 때문에 적당한 크기로 설정합니다.

06 도넛형 차트에서 가장 큰 조각을 두 번 클릭해 '초록색(#1B8A3B)'으로 설정하고 데이터 레이블 텍스트를 'G마켓 산스 Bold'로 설정합니다.

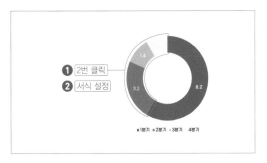

07 나머지 조각의 색상은 회색 계열로 바꿔 줍니다. 크기 순서대로 두 번 클릭한 후 '#918D8D', '#C8C6C6', '#F2F2F2'로 설정해 주세요.

08 차트 상단에 [삽입] – [도형] – [사각형] – [직사각형]을 삽입하고 도형과 윤곽선의 색상은 '검은색(#3B3838)', 윤곽선의 두께는 '1 pt'로 설정합니다.

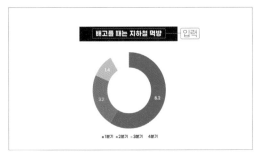

09 사각형에 'G마켓 산스 Bold, 18 pt', '흰색'의 제목 텍스트를 입력합니다.

10 08에서 삽입한 사각형을 Ctrl + Shift 를 누른 채 아래로 드래그하여 복사하고 텍스트를 삭제합니다.

11 복사한 사각형의 위아래 꼭짓점을 드래그해 그림과 같이 크기를 조절하고 색상을 '채우기 없음'으로 설정합니다.

12 플래티콘(flaticon.com)에서 주제에 어울리는 아이콘을 다운로드해 그림과 같이 삽입합니다.

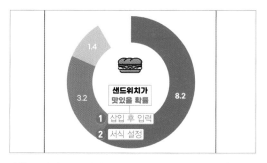

13 아이콘 아래에 텍스트 상자를 삽입하고 'G마켓 산스 Bold, 12 pt'의 텍스트를 입력한 후 강조할 내용을 '초록색(#1B8A3B)'으로 설정합니다.

14 [삽입] - [도형] - [선] - [선]을 아이콘과 텍스트 사이에 [Shift]를 누른 채 드래그하여 삽입합니다.

15 선의 색상을 '초록색(#1B8A3B)', 두께는 '1 pt', 대시는 '파선'으로 설정합니다.

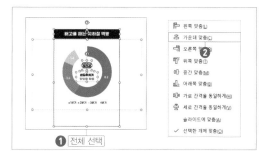

16 개체를 전체 선택하고 [홈] - [정렬] - [맞춤] - [가운데 맞춤]을 클릭해 세로로 정렬합니다.

차트는 보이는 것보다 실제 너비가 훨씬 크기 때문에 '정렬' 기능으로 정렬하는 것이 좋습니다.

17 범례 아랫부분에 [삽입] - [도형] - [사각형] - [직사각형]을 삽입하고 색상은 '회색(#C8C6C6)', '윤곽선 없음'으로 설정합니다.

18 회색 도형에 'G마켓 산스 Medium, 12 pt'의 설명 텍스트를 입력하면 기본 원형 차트 다이어그램 완성!

고리 모양 원형 차트 다이어그램

미리보기

📁 완성파일 | P03\Ch15 원형 차트 다이어그램.pptx – 슬라이드 2

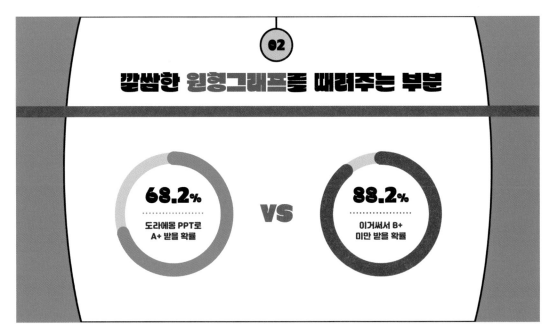

이번에는 두 가지 항목의 수치를 직관적으로 비교할 수 있는 고리 모양의 원형 차트 다이어그램을 사냥해 보겠습니다. 완성된 다이어그램을 도라에몽st 템플릿에 배치하면 귀여움이 배가되는 부분인 거 RG?

01 [삽입] – [도형] – [기본 도형] – [원호]를 선택한 후 **Shift** 를 누른 채 드래그하여 삽입하고 도형을 마우스 오른쪽 버튼으로 클릭 – [도형 서식]을 선택합니다.

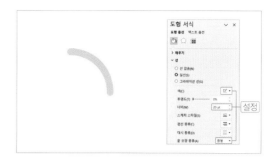

02 [채우기 및 선] – [선]에서 색상을 '회색(#CECCCC)', 너비를 '20 pt', 끝 모양 종류를 '원형'으로 설정합니다.

🐸 고리 모양의 원형 차트를 만들기 위해 끝 모양 종류를 '원형'으로 설정합니다.

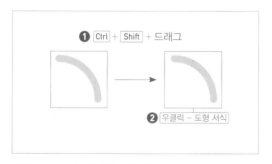

03 원호 도형을 **Ctrl** + **Shift** 를 누른 채 오른쪽으로 드래그하여 복사하고 복사한 도형을 마우스 오른쪽 버튼으로 클릭 – [도형 서식]을 선택합니다.

04 [채우기 및 선] – [선]에서 색상을 '하늘색(#2B9CD8)', 너비를 '24 pt'로 설정합니다.

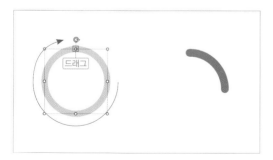

05 회색 원호 도형의 아래쪽 노란색 조절점을 시계 방향으로 드래그해 원 모양으로 만들어 줍니다.

🐸 시계 방향으로 드래그할 때 12시 방향을 넘어가면 선이 사라지므로 11시 59분 정도의 위치까지만 드래그합니다.

06 회색 원호 도형을 **Shift** 를 누른 채 오른쪽으로 드래그해 그림과 같이 겹치게 배치합니다.

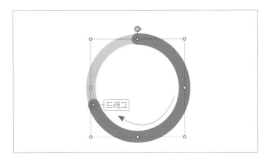

07 하늘색 원호 도형의 노란색 조절점을 시계 방향으로 드래그해 그림과 같은 모양으로 만들어 줍니다.

12시 방향에 있는 노란색 조절점을 기준으로 두고 반대쪽에 있는 노란색 조절점을 드래그해 주세요.

08 도형 안쪽에 텍스트 상자를 삽입하고 '창원단감아삭 Bold, 36 pt, 20 pt'의 수치 텍스트를 입력한 후 Ctrl + E 를 눌러 가운데로 정렬합니다.

숫자를 강조하기 위해 퍼센트의 크기를 '20 pt'로 설정하는 부분인 거 RG?

09 수치 텍스트 아래에 텍스트 상자를 삽입하고 '여기어때 잘난체, 14 pt', '검은색(#3B3838)'의 설명 텍스트를 입력한 후 Ctrl + E 를 눌러 가운데로 정렬합니다.

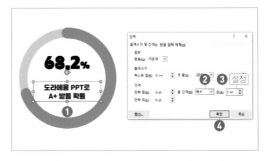

10 설명 텍스트를 선택하고 [홈] – [줄 간격] – [줄 간격 옵션]에서 줄 간격을 '배수', 값을 '1.14'로 설정한 후 [확인]을 클릭합니다.

11 [삽입] – [도형] – [선] – [선]을 Shift 를 누른 채 드래그하여 텍스트 사이에 삽입하고 색상은 '하늘색 (#2B9CD8)', 두께는 '3 pt', 대시는 '파선'으로 설정합니다.

12 선을 마우스 오른쪽 버튼으로 클릭 – [도형 서식]을 선택하고 [채우기 및 선] – [선]에서 끝 모양 종류를 '원형'으로 설정합니다.

13 모든 개체를 전체 선택하고 [홈] – [정렬] – [맞춤] – [가운데 맞춤]을 클릭해 가운데로 정렬한 후 Ctrl + G 를 눌러 그룹화합니다.

14 그룹 개체를 Ctrl + Shift 를 누른 채 오른쪽으로 드래그하여 복사한 후 그룹 개체를 전체 선택해 Ctrl + G 를 눌러 그룹화합니다.

15 그룹 개체를 선택한 상태에서 [홈] – [정렬] – [맞춤] – [가운데 맞춤], [중간 맞춤]을 클릭해 슬라이드 정가운데에 배치합니다.

16 Ctrl + Shift + G 를 두 번 눌러 전체 그룹을 해제하고 오른쪽 도형과 선의 윤곽선 색상을 '빨간색(#E41D36)'으로 설정합니다.

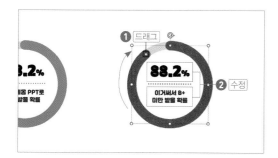

17 빨간색 원호 도형의 노란색 조절점을 시계 방향으로 드래그해 그림과 같은 모양으로 만든 후 수치 텍스트와 설명 텍스트를 수정하면 완성!

18 도라에몽st 템플릿에 다이어그램을 넣으면 깜찍한 느낌의 슬라이드를 완성할 수 있는 부분인 거 RG?

어항 스타일 원형 차트 다이어그램

미리보기 | 완성파일 | P03\Ch15 원형 차트 다이어그램.pptx - 슬라이드 3

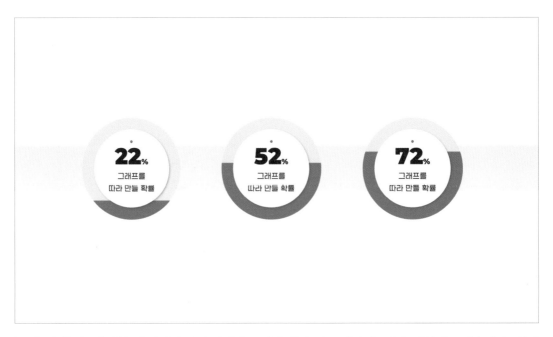

'도형 병합' 기능을 활용해 어항에 물이 채워진 느낌의 원형 차트 다이어그램을 만들어 보겠습니다. 원이 채워진 정도로 수치를 파악할 수 있는 깔끔하고 직관적인 디자인의 다이어그램입니다.

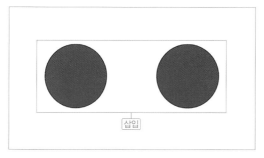

01 [삽입] – [도형] – [기본 도형] – [타원] 두 개를 Shift 를 누른 채 드래그하여 삽입합니다.

02 색상을 각각 '회색(#E7E6E6)'과 '보라색(#BC6FF1)' 그리고 '윤곽선 없음'으로 설정합니다.

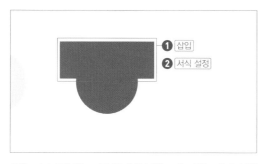

03 보라색 원 도형 위에 [삽입] – [도형] – [사각형] – [직사각형]을 삽입한 후 색상을 '보라색(#BC6FF1)', '윤곽선 없음'으로 설정합니다.

04 두 개의 도형을 전체 선택해 [도형 서식] – [도형 병합] – [조각]을 클릭하고 필요 없는 부분은 삭제합니다.

원 도형이 가려지는 비율에 따라 반원의 모양이 달라집니다.

05 04에서 만든 보라색 도형을 Shift 를 누른 채 왼쪽으로 드래그해 그림과 같이 겹쳐 줍니다.

06 겹친 도형 정가운데에 [삽입] – [도형] – [기본 도형] – [타원]을 Shift 를 누른 채 드래그하여 삽입하고 색상을 '흰색', '윤곽선 없음'으로 설정합니다.

도형 안에 입력할 텍스트의 크기를 생각하며 원 도형의 크기를 조절합니다.

07 흰색 원 도형을 마우스 오른쪽 버튼으로 클릭 –
[도형 서식]을 선택하고 [효과] – [그림자]에서 미리 설
정을 '오프셋: 오른쪽 아래'로 선택합니다.

08 그림자를 세밀하게 조정하기 위해 투명도는 '70%',
크기는 '99%'로 설정합니다.

09 원 도형 안에 텍스트 상자를 삽입하고 'Montse
rrat Black, 36 pt, 12 pt', '진한 보라색(#52057B)'의 수
치 텍스트를 입력한 후 [Ctrl] + [E]를 눌러 가운데로 정
렬합니다.

10 수치 텍스트 아래에 텍스트 상자를 삽입하고 'G
마켓 산스 Medium, 12 pt'의 설명 텍스트를 입력한 후
[Ctrl] + [E]를 눌러 가운데로 정렬합니다.

11 설명 텍스트를 선택하고 [홈] – [줄 간격] – [줄
간격 옵션]에서 줄 간격을 '배수', 값을 '1.3'으로 설정한
후 [확인]을 클릭합니다.

12 수치 텍스트 위에 [삽입] – [도형] – [기본 도형]
– [타원]을 [Shift]를 누른 채 드래그하여 삽입한 후 색상
을 '보라색(#BC6FF1)', '윤곽선 없음'으로 설정합니다.

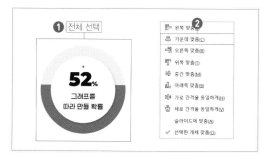

13 개체를 전체 선택하고 [홈] – [정렬] – [맞춤] – [가운데 맞춤]을 클릭해 세로로 정렬합니다.

14 01~08과 같은 방법으로 '도형 병합' 기능을 활용해 보라색 원의 비율이 다른 원형 차트 두 개를 만들고 왼쪽, 오른쪽에 배치합니다.

15 포인트 원 도형, 수치 텍스트, 설명 텍스트를 Ctrl + Shift 를 누른 채 왼쪽, 오른쪽으로 드래그해 복사합니다.

16 왼쪽, 오른쪽으로 복사한 수치 텍스트를 각각 수정해 줍니다.

17 차트 위에 [삽입] – [도형] – [사각형] – [직사각형]을 삽입하고 색상을 '연한 보라색(#F6EBFD)', '윤곽선 없음'으로 설정합니다.

18 사각형을 마우스 오른쪽 버튼으로 클릭 – [맨 뒤로 보내기]를 선택하면 어항 스타일 원형 차트 다이어그램 완성!

게이지형 원형 차트 다이어그램 (1)

미리보기　　　　　　　　　　　📁 완성파일 | P03\Ch15 원형 차트 다이어그램.pptx – 슬라이드 4

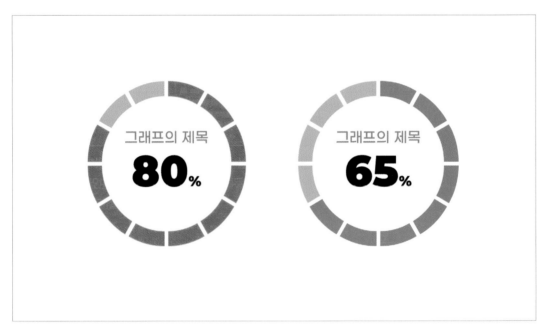

이번 레슨에서는 게이지형 원형 차트 다이어그램을 만들어 보겠습니다. 차트 제목이나 범례 등 필요 없는 개체를 제외하고 작업하고 싶을 때 유용하게 써먹을 수 있는 '선택하여 붙여넣기' 기능도 함께 알아보시죠!

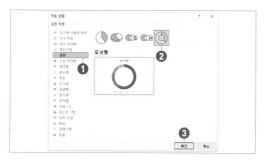

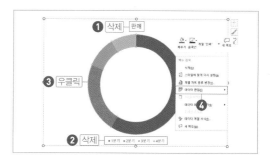

01 [삽입] – [차트]를 클릭하고 [원형] – [도넛형]을 선택한 후 [확인]을 클릭해 도넛형 차트를 삽입합니다.

02 '판매' 텍스트와 범례를 삭제하고 도넛형 차트를 마우스 오른쪽 버튼으로 클릭 – [데이터 편집]을 선택합니다.

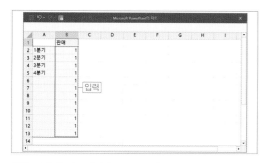

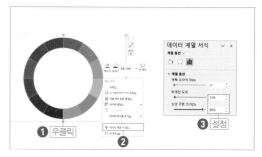

03 엑셀 시트에서 'B2~B13셀'까지 총 열두 개의 셀에 '1'을 입력합니다.

04 도넛형 차트를 마우스 오른쪽 버튼으로 클릭 – [데이터 계열 서식]을 선택하고 [계열 옵션]에서 쪼개진 도넛은 '10%', 도넛 구멍 크기는 '80%'로 설정합니다.

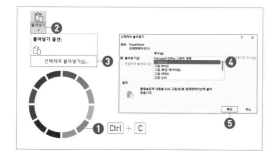

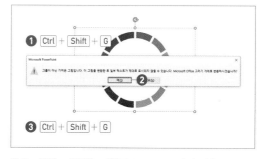

05 Ctrl + C 를 눌러 차트를 복사해 [홈] – [붙여넣기(붙여넣기)] – [선택하여 붙여넣기]를 클릭한 후 형식을 '그림(SVG)'로 선택하고 [확인]을 클릭합니다.

'선택하여 붙여넣기'를 실행한 후에 기존의 차트는 삭제해 주는 부분인 거 RG?

06 Ctrl + Shift + G 를 누르고 그림과 같은 안내 창이 뜨면 [예]를 클릭한 후 Ctrl + Shift + G 를 한 번 더 눌러 줍니다.

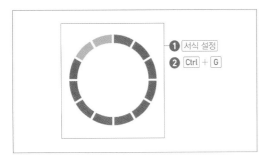

07 도형의 색상을 '회색(#BFBFBF)'과 '주황색(#F96 501)'으로 설정하고 전체 선택해 Ctrl + G 를 눌러 그룹 화합니다.

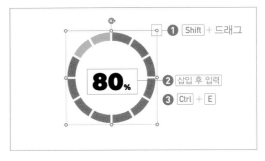

08 Shift 를 누른 채 대각선 꼭짓점을 드래그해 크기 를 조절하고 도형 안에 텍스트 상자를 삽입해 'Montserrat Black, 48 pt, 16 pt'의 수치 텍스트를 입력한 후 Ctrl + E 를 눌러 가운데로 정렬합니다.

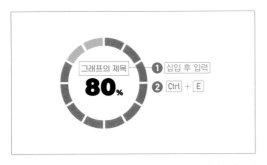

09 수치 텍스트 위에 텍스트 상자를 삽입하고 'G마 켓 산스 Medium, 16 pt', '주황색(#F96501)'의 제목 텍스 트를 입력한 후 Ctrl + E 를 눌러 가운데로 정렬합니다.

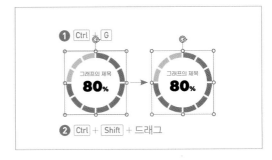

10 개체를 전체 선택해 Ctrl + G 를 눌러 그룹화하고 그룹 개체를 Ctrl + Shift 를 누른 채 오른쪽으로 드래그 해 복사합니다.

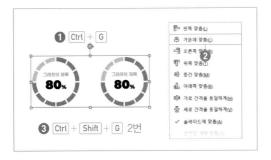

11 그룹 개체를 전체 선택해 Ctrl + G 를 눌러 그룹 화하고 [홈] – [정렬] – [맞춤] – [가운데 맞춤]을 클 릭한 후 Ctrl + Shift + G 를 두 번 눌러 그룹을 해제합 니다.

12 오른쪽 도형과 텍스트의 색상을 '초록색(#009E6D)' 으로 설정하고 텍스트의 내용을 수정하면 게이지형 원 형 차트 다이어그램 완성!

게이지형 원형 차트 다이어그램 (2)

완성파일 | P03\Ch15 원형 차트 다이어그램.pptx – 슬라이드 5

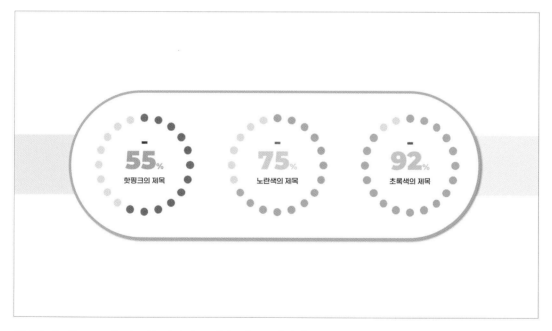

꼭 '차트' 기능으로만 차트를 만들라는 법은 없죠? 이번에는 '스마트아트(SmartArt)' 기능을 활용해 게이지형 원형 차트 다이어그램을 만들어 보겠습니다. 단순 반복 작업 없이 나이스하게 원형 차트를 완성하는 방법을 함께 알아보시죠!

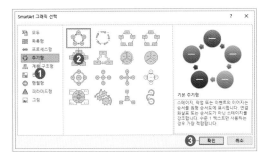

01 [삽입] – [SmartArt]를 클릭하고 [주기형] – [기본 주기형]을 선택한 후 [확인]을 클릭해 스마트아트를 삽입합니다.

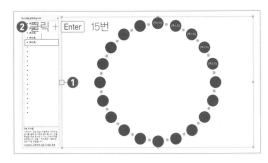

02 스마트아트 왼쪽 가운데에 있는 화살표를 클릭하고 왼쪽 텍스트 입력창을 클릭한 후 Enter를 열다섯 번 눌러 스무 개의 계층을 만들어 줍니다.

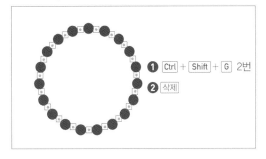

03 Ctrl + Shift + G 를 두 번 눌러 그룹을 해제하고 필요 없는 화살표를 전체 선택해 Delete를 눌러 삭제합니다.

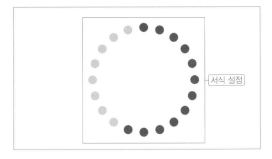

04 도형의 색상을 '회색(#D0CECE)'과 '핑크색(#EE3F99)'으로 설정합니다.

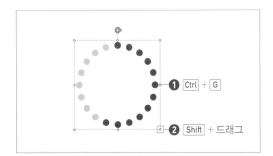

05 도형을 전체 선택해 Ctrl + G를 눌러 그룹화한 후 Shift를 누른 채 대각선 꼭짓점을 드래그해 크기를 조절합니다.

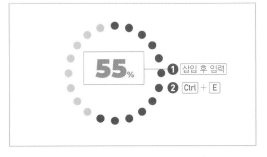

06 도형 안에 텍스트 상자를 삽입하고 'Montserrat Black, 44 pt, 14 pt', '연한 핑크색(#F58CC2)'의 수치 텍스트를 입력한 후 Ctrl + E를 눌러 가운데로 정렬합니다.

07 수치 텍스트 아래에 텍스트 상자를 삽입하고 'G 마켓 산스 Medium, 12 pt'의 설명 텍스트를 입력한 후 Ctrl + E 를 눌러 가운데로 정렬합니다.

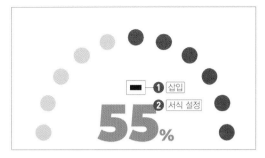

08 수치 텍스트 위에 [삽입] - [도형] - [사각형] - [직사각형]을 삽입한 후 색상을 '진한 핑크색(#8E0C50)', '윤곽선 없음'으로 설정합니다.

09 개체를 전체 선택해 Ctrl + G 를 눌러 그룹화한 후 Ctrl + Shift 를 누른 채 오른쪽으로 드래그하고 F4 를 눌러 세 개의 그룹 개체를 나열합니다.

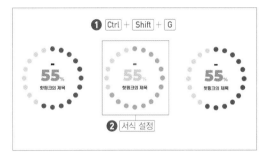

10 Ctrl + Shift + G 를 눌러 전체 그룹을 해제하고 가운데 차트를 '연한 노란색(#F9CB84)', '노란색(#F5A 832)', '진한 노란색(#AF6C09)'으로 설정합니다.

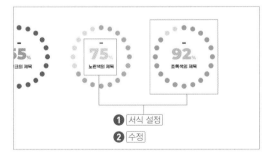

11 오른쪽의 차트는 '연한 초록색(#74D6B3)', '초록색(#18BA81)', '진한 초록색(#0F734F)'으로 설정하고 전체 수치 텍스트와 설명 텍스트를 각각 수정합니다.

12 모서리가 둥근 사각형과 직사각형으로 차트를 꾸며 주면 깔끔한 디자인의 다이어그램이 완성됩니다!

표 다이어그램 사냥

표는 데이터를 쉽고 빠르게 파악할 수 있도록 도와주는 시각 자료입니다. 하지만 표의 색상이나 폰트 등의 요소를 정리하지 않으면 표를 넣었을 때 오히려 복잡하고 지저분해 보일 수 있습니다. 이번 챕터에서 보고서의 신뢰도와 설득력을 높여 주는 나이스한 표 다이어그램을 함께 만들어 보시죠!

Lesson 16-1

표 다이어그램 (1)

미리보기   완성파일 | P03\Ch16 표 다이어그램.pptx – 슬라이드 1

2021년	2022년	2023년	2024년
20,000원	32,000원	32,000원	32,000원
4,000원	8,600원	9,000원	9,000원
9,000원	10,000원	12,000원	12,000원
2,000원	5,000원	6,000원	6,000원

표는 디자인 요소를 최소화할수록 깔끔하게 보입니다. 먼저 표의 선을 없애고 폰트와 색상만으로 데이터를 나이스하게 구분한 다이어그램을 만들어 보겠습니다.

01 [삽입] - [표]에서 '4 x 5' 형식의 표를 하나 삽입한 후 크기를 조절하고 표 안에 텍스트를 입력합니다.

02 표를 전체 드래그해 [레이아웃] - [가운데 맞춤(≡)], [세로 가운데 맞춤(⊟)]을 클릭하고 마우스 오른쪽 버튼으로 클릭 - [도형 서식]을 선택합니다.

03 [텍스트 옵션] - [텍스트 채우기 및 윤곽선] - [텍스트 윤곽선]에서 '실선'을 선택하고 투명도를 '100%'로 설정합니다.

04 1행의 텍스트는 'G마켓 산스 Bold, 18 pt', 그 외 텍스트는 'G마켓 산스 Medium, 16 pt'로 설정하고 표를 전체 드래그해 [테이블 디자인] - [테두리] - [테두리 없음]을 선택합니다.

05 1행을 드래그해 [테이블 디자인] - [음영] - [다른 채우기 색]을 클릭하고 육각 입력란에 '#753188'을 입력한 후 [확인]을 클릭합니다.

06 같은 방법으로 2행과 4행의 음영 색상을 '흰색', 3행과 5행의 음영 색상을 '회색(#D0CECE)'으로 설정하면 완성!

표 다이어그램 (2)

미리보기

■ 완성파일 | P03\Ch16 표 다이어그램.pptx – 슬라이드 2

구분	2022년	2023년	2024년
닭갈비	20,000원	24,000원	32,000원
닭똥집	8,600원	9,000원	9,000원
닭칼국수	10,000원	12,000원	12,000원
닭꼬치	5,000원	6,000원	6,000원

이번에는 보일 듯 말 듯한 구분선으로 표를 깔끔하게 정리한 다이어그램을 만들어 보겠습니다. 앞으로 평생 돌려막기 할 수 있는 다이어그램이니까 공식처럼 외워뒀다가 치트키로 사용하면 되는 부분인 거 RG?

01 [삽입] – [표]에서 '4 x 5' 형식의 표를 하나 삽입한 후 크기를 조절하고 표 안에 텍스트를 입력합니다.

02 표를 전체 드래그해 [레이아웃] – [가운데 맞춤(☰)], [세로 가운데 맞춤(☰)]을 클릭하고 마우스 오른쪽 버튼으로 클릭 – [도형 서식]을 선택합니다.

03 [텍스트 옵션] – [텍스트 채우기 및 윤곽선] – [텍스트 윤곽선]에서 '실선'을 선택하고 투명도를 '100%'로 설정합니다.

04 1행과 1열의 텍스트는 'G마켓 산스 Bold, 18 pt', 그 외 텍스트는 'G마켓 산스 Medium, 16 pt'로 설정합니다.

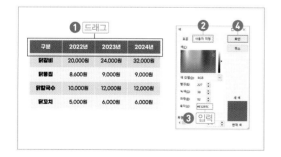

05 1행을 드래그해 [테이블 디자인] – [음영] – [다른 채우기 색]을 클릭하고 육각 입력란에 '#E3265C'를 입력한 후 [확인]을 클릭합니다.

06 같은 방법으로 1열의 두 번째 칸부터 전체 '연한 핑크색(#FEDEE3)', 나머지는 '흰색'으로 설정해 주세요.

07 표를 전체 드래그해 [테이블 디자인] – [테두리] – [테두리 없음]을 선택합니다.

08, 09에서 표의 테두리를 설정할 것이기 때문에 표를 전체 드래그한 상태를 유지해 주세요.

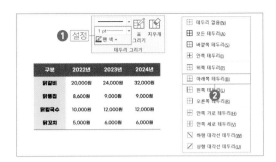

08 [테이블 디자인]에서 펜 두께를 '1 pt', 펜 색을 '핑크색(#E3265C)'으로 설정하고 [테이블 디자인] – [테두리] – [아래쪽 테두리]를 선택합니다.

09 [테이블 디자인]에서 펜 두께를 '0.25 pt'로 설정하고 [테이블 디자인] – [테두리] – [안쪽 가로 테두리]와 [안쪽 세로 테두리]를 선택해 적용합니다.

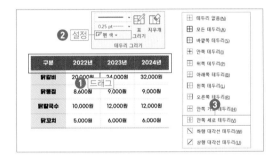

10 1행만 드래그하고 [테이블 디자인]에서 펜 색을 '흰색'으로 설정하고 [테이블 디자인] – [테두리] – [안쪽 세로 테두리]를 선택하면 완성!

memo

memo

팀장님에게 극찬받는 파워포인트 비법서
피피티 다이어그램 필승 공략집

초 판 발 행	2024년 06월 13일
발 행 인	박영일
책 임 편 집	이해욱
저 자	피피티사냥꾼
편 집 진 행	정민아
표 지 디 자 인	조혜령
편 집 디 자 인	김세연, 김지현
발 행 처	시대인
공 급 처	(주)시대고시기획
출 판 등 록	제 10-1521호
주 소	서울시 마포구 큰우물로 75 [도화동 538 성지 B/D] 6F
전 화	1600-3600
홈 페 이 지	www.sdedu.co.kr
I S B N	979-11-383-7217-6(13000)
정 가	22,000원